データとケースでわかる
ヨーロッパ企業

和田美憲 *Yoshinori Wada*

中央経済社

i

はじめに

本書の特徴と主な対象者

　本書は，EUが単一通貨ユーロを導入し，市場統合を加速させた2000年代以降のヨーロッパ企業の動きを理解するために，経営学や経済学の理論を用いて企業を分析しています。本書の最大の特徴は，企業の数値データと事例研究を全ての章に取り入れ，多くのグラフや図表を用いて解説している点です。そしてそれらの具体的な情報から，読者がヨーロッパ企業について理解を深めることができるように工夫しています。

　大学の経済学部や経営学部に所属し，ヨーロッパ経済や海外の企業活動に興味をもっておられる学生の方や国際関係やヨーロッパ・スタディを専攻されている学生の方のテキストとして書かれています。さらにヨーロッパ企業とビジネスを展開しているビジネスマン，あるいは活動の場をヨーロッパに置く社会人の方にも読んで頂くことを期待しています。

　そして本書をベースとした発展学習のために，本書で扱っているテーマにもとづくレポート課題を用意しました。中央経済社ECサイト内にある本書のページ＊に解答作成のために参照すべき本書の図表と，解答のポイントとあわせて公開する予定ですので，ぜひご活用ください。また，本書の図表作成に用いたデータの一部も更新しながら掲載する予定です。

本書の構成

　本書は2つのPartから構成されています。Part 1では，ヨーロッパ企業を理解するために，5つの章を設けています。第1章ではEUの市場統合と代表的ヨーロッパ企業を解説し，第2章以降の内容をまとめています。第2章では貿易理論と多国籍企業論を紹介し，ヨーロッパ諸国の貿易の状況と企業の生産性について解説します。第3章ではコーポレートガバナンスと株式市場，第4章ではM＆Aと企業分析ツールをテーマとしています。第5章ではBrexit（イギリスのEU離脱）の原因をイギリスとドイツの教育システムと労働市場を比較

して解説します。

Part 2では，ヨーロッパ企業の特徴を産業ごとに解説します。その産業分類は，第6章．エネルギー産業，第7章．インフラ産業，第8章．自動車産業，第9章．ラグジュアリー産業，そして第10章．生活関連産業です。各産業の代表的な日本企業とのデータ比較も行い，産業ごとの今後の課題や将来の見通しについて解説します。

各章にある（ケースに学ぶ）には主に2つの種類があります。法律用語の「判例」を意味するケースと，経営学の「事例研究」を意味するケースです。前者では経済学や経営学の理論では捉えることの困難な，多国籍企業の抱える問題やEUの市場統合のプロセスで生じている具体的な問題を扱った判例を紹介しています。後者では，企業全体の歴史や経営戦略を紹介することに加え，個別の具体的なイベントに焦点を当てています。読者の皆様の視点で，ヨーロッパの経済問題を考えるための資料，またはグループでディスカッションするためのテーマとしても利用してください。

"Somo教授のTutorial"ではヨーロッパ企業を理解するための経済学の理論や経営学の用語の解説を行っており，経済学や経営学を体系的に学んだ経験がない読者のための補足説明として設けました。本文中で説明するとかえって章全体の主旨が取りにくくなったり，ヨーロッパ企業の実践の把握にとって必ずしも必要ではない経済学や経営学のエッセンスをまとめています。Tutorialとは大教室の講義ではなく，学生と教員の対話を通じて行われる個人授業のことを言います。Somo教授はイギリスの名門大学の教授で，経済学だけでなく経営学，法学，社会学，神学などに精通し，日本への関心も高い人物です。Jeanneは，イギリスの大学で学ぶフランス人の留学生で，好奇心旺盛でさまざまな疑問をSomo教授にぶつけており，Jeanneの質問によって読者の関心を高める効果を期待しています。

"ヨーロッパの街角で"というコラムは，私の個人的な経験や見聞に基づいたエッセイです。客観的なデータでは示されず，理論でも説明できないような肌で感じた当時のヨーロッパの街での生活や一般の人々の行動を知ることで，読者のヨーロッパ理解の一助になることを願って書きました。私が初めて訪れた外国はドイツでした。1992年の夏のことです。その後，短期留学や旅行で幾

度となくドイツに滞在しました。1999年から2001年にはロンドンで学生生活を送り，2006年から2008年にはドイツのボンで教育と研究に従事しました。さらに2016年から2019年にかけてはイギリスのケンブリッジで研究する機会に恵まれました。この間，大学の業務や研究活動，プライベートな旅行でヨーロッパ各国を訪れる機会が多くあり，私がヨーロッパに滞在した時期というのは，EUを中心としたヨーロッパにとって大きな変革期に重なることに気付きました。ただ当時の私の記憶が曖昧になっていたり，当時の情報が，完全には入手できない事情もあり，エッセイには正確ではない情報が含まれるかもしれないことをご了承ください。

　ヨーロッパ企業の組織や経営を理解するためには，さまざまな理論や学術領域，専門知識を必要とします。本書では，国際経済学，産業組織論，多国籍企業論，経営組織論，企業分析論，国際法，経済法などの多岐に渡る文献を参照しています。特に日本EU学会所属の先生方の多くの著作を参考にさせていただきました。そして日本EU学会での報告や出版物からも多くの示唆を得ています。本書の内容は関西学院大学の国際学部での講座「ヨーロッパ企業論」をベースとし，データやケース，経済・経営理論の説明を大幅に加え，内容を充実させています。このような貴重な機会をくださった関西学院大学の宮田由紀夫先生に感謝の意を表します。

2024年9月

和田　美憲

＊　編集部注：中央経済社運営ECサイト「ビジネス専門書Online」の本書紹介ページ（https://www.biz-book.jp/isbn/978-4-502-51281-0）を御覧ください。

COTENTS

はじめに

PART1　ヨーロッパ企業の理解のための多様な　アプローチ

第1章　単一市場は企業に何をもたらしたのか？
―EUの市場統合とヨーロッパ企業の発展― ················· 2

　　1　1999年と2022年の売上高ランキングの比較―2

　　2　「人，もの，サービス，資本の移動の自由」への道―8

　　3　市場統合プロセス下での企業活動と社会への影響―11

ケースに学ぶ（File.1）　3Glockenのイタリアでのパスタ販売（1998年）／13

ケースに学ぶ（File.2）　Viking Line社　vs　労働組合（2007年）／14

Somo教授のTutorial　アダム・スミスの経済学／16

ヨーロッパの街角で　Kirkcaldy（カーコーディ）／18

第2章　「自由な移動」は本当に望ましいのか？
―貿易理論のエッセンスと多国籍企業の特徴― ················· 20

　　1　貿易理論のエッセンス―20

　　2　貿易理論の展開―25

　　3　多国籍企業の構造―27

ケースに学ぶ（File.3）　Nokia（ノキア）の盛衰／32

Somo教授のTutorial　異文化経営論／33

ヨーロッパの街角で　Düsseldorf（デュッセルドルフ）／35

II

第3章　企業の所有構造を調査しよう
―コーポレートガバナンスと株式市場の関係―……………37

1　コーポレートガバナンスの課題―37

2　ドイツ・イギリス・フランスのコーポレートガバナンス比較―39

3　ヨーロッパの株式市場と企業のパフォーマンス―43

4　株主構成―50

ケースに学ぶ（File.4） BPによる2度の大惨事／56

Somo教授のTutorial エージェンシー理論／57

ヨーロッパの街角で Zürich（チューリッヒ）／58

第4章　M＆Aは企業に何をもたらすのか？
―経営分析ツールを用いた企業買収・売却の効果―………60

1　M&Aとその効果―60

2　シナジー効果と規模の経済性―65

3　企業分析ツール　＜SWOT分析とPPM分析＞―68

ケースに学ぶ（File.5） GlaxoSmithKline（グラクソ・スミスクライン）の差別化価格と競争阻害行為／78

Somo教授のTutorial 経済学と経営学／80

ヨーロッパの街角で Mainz（マインツ）／82

第5章　イギリスはなぜEUを離脱したのか？
―Brexitからみる労働市場と教育システムの比較―………84

1　Brexitの経緯―84

2　国境問題とアイルランド―86

3　ドイツとイギリスの労働市場と教育制度の比較―89

4　地政学リスクに備える企業システム―94

ケースに学ぶ（File.6） Tesco（テスコ）の最高執行責任者の株売却／96

Somo教授のTutorial 資本主義モデル／97

ヨーロッパの街角で Cambridge（ケンブリッジ）／99

CONTENTS　III

PART 2　産業別ヨーロッパ企業の比較

第6章　エネルギー産業
―環境政策と経済発展を支える企業とは？― ……………… 104
1　石油関連企業の活動―104
2　電力関連企業の活動―111

ケースに学ぶ（File.7）　　ドイツの建築物エネルギー法／117
Somo教授のTutorial　　ハーバード学派とシカゴ学派／118
ヨーロッパの街角で　　Tallinn（タリン）／120

第7章　インフラ産業
―民営と国営，どちらが望ましい？― ……………………… 122
1　通信・交通関連企業のパフォーマンス比較―122
2　国営企業と民営化企業―126
3　ドイツの郵政事業とイギリスの鉄道事業の民営化―131

ケースに学ぶ（File.8）　　Virgin Group（ヴァージングループ）／138
Somo教授のTutorial　　規制の理論／139
ヨーロッパの街角で　　London（ロンドン）／141

第8章　自動車産業
―憧れのヨーロッパ車は誰が製造している？― …………… 144
1　自動車メーカーの特徴と再編―144
2　サプライチェーンマネジメント―154

ケースに学ぶ（File.9）　　ルノーと日産の提携／159
Somo教授のTutorial　　垂直統合と取引費用の理論／160
ヨーロッパの街角で　　Bonn（ボン）／161

IV

第9章　ラグジュアリー産業
―最強のブランド力を作る法則とは？― ················· 164

1　ヨーロッパに集結するラグジュアリー産業―164

2　第3のイタリア―169

3　ブランド形成とマーケティング理論―173

ケースに学ぶ（File.10）　黒真珠の価格は高いのか？／177

Somo教授のTutorial　　行動経済学／179

ヨーロッパの街角で　　Roma（ローマ）／181

第10章　生活関連産業
―生活を彩る企業の秘密に迫る！― ················· 183

1　生活関連企業のパフォーマンスの比較―183

2　生活関連産業とEUの市場統合―187

3　非上場の生活関連企業―195

ケースに学ぶ（File.11）　ユニリーバのオリーブオイル輸出／201

Somo教授のTutorial　　イケア効果／202

ヨーロッパの街角で　　Antwerpen（アントワープ）／204

索　引　207

PART 1

ヨーロッパ企業の理解のための多様なアプローチ

第 **1** 章　単一市場は企業に何を
　　　　もたらしたのか？

―EUの市場統合とヨーロッパ企業[1]の発展―

　ヨーロッパ企業の全体像を把握するため，巨大企業の規模や特徴について学習します。EUの市場統合の歴史と仕組みと，ヨーロッパ企業への影響に関する資料を提供します。第2章以降で勉強するテーマや分析の対象となるヨーロッパの産業や企業についての基本情報も提示します。

1　1999年と2022年の売上高ランキングの比較

　「あなたの知っているヨーロッパ企業は？」と聞かれれば，日本の市場で馴染みのある企業名が沢山出てくることでしょう。しかし「ヨーロッパ企業で売上の高い企業は？」と聞かれれば，答えるのは難しいかもしれません。ヨーロッパ各国の経済構造と企業の特徴を理解する上で，売上の高い企業を知っておくことは重要です。図表1-1と図表1-2はヨーロッパ企業の売上高ランキングを表しています。

1　本書では「ヨーロッパ企業」を，2024年6月現在のEU加盟国27カ国とイギリス，ノルウェー，スイスに本社を置く企業として扱います。EUへの加盟を申請している国々の企業は，基本的にはヨーロッパ企業には含まれないとします。

第1章　単一市場は企業に何をもたらしたのか？　　3

図表1-1 ┃ ヨーロッパ企業の売上高ランキング（1999年）

	企業名	本社所在地	売上高（千USドル）	産業
1	Mercedes-Benz Group AG	ドイツ	151,505,904	自動車
2	Shell PLC	イギリス	105,366,000	エネルギー
3	BP PLC	イギリス	85,346,000	エネルギー
4	Volkswagen AG	ドイツ	79,349,841	自動車
5	Total Fina S.A.	フランス	75,380,245	エネルギー
6	Siemens AG	ドイツ	73,842,788	家電・コンピュータソフト
7	Fiat Chrysler Automobiles N.V.	オランダ	50,472,165	自動車
8	Nestle S.A.	スイス	46,642,092	食品
9	Unilever Group	オランダ	41,165,540	食品・生活関連
10	Carrefour	フランス	37,953,429	小売
11	Renault	フランス	37,791,100	自動車
12	Deutsche Telekom AG	ドイツ	37,512,810	通信
13	RWE AG	ドイツ	37,103,903	エネルギー
14	BMW AG	ドイツ	36,269,114	自動車
15	Koninklijke Ahold N.V.	オランダ	33,714,806	小売

出所）Moody's社のデータベースOrbisより抽出したデータに基づき筆者作成

図表1-2 ┃ ヨーロッパ企業の売上高ランキング（2022年）

	企業名	本社所在地	売上高（千USドル）	産業
1	Shell PLC	イギリス	381,314,000	エネルギー
2	Volkswagen AG	ドイツ	310,607,637	自動車
3	Totalenergies SE	フランス	263,536,000	エネルギー
4	Uniper Global Commodities SE	ドイツ	261,713,970	エネルギー
5	BP PLC	イギリス	242,065,000	エネルギー
6	Apple Operations International Limited	アイルランド	221,869,447	金融
7	Fortum OYJ	フィンランド	200,804,419	エネルギー
8	Stellantis N.V.	オランダ	191,552,735	自動車
9	Electricite de France	フランス	165,669,566	エネルギー

4 PART 1 ヨーロッパ企業の理解のための多様なアプローチ

10	Mercedes-Benz Group AG	ドイツ	162,730,017	自動車
11	Enel S.p.A.	イタリア	153,606,325	エネルギー
12	BMW AG	ドイツ	153,039,961	自動車
13	Equinor ASA	ノルウェー	150,806,000	エネルギー
14	Eni S.p.A.	イタリア	142,832,604	エネルギー
15	Deutsche Telekom AG	ドイツ	126,539,230	通信

出所）Moody's社のデータベースOrbisより抽出したデータに基づき筆者作成

　企業名と売上高に加え，本社のある国名と産業分類も示しています。**図表1 -1**は1999年，**図表1-2**は2022年の売上高トップ15の企業です。両方に出ている企業名もあれば，1999年，あるいは2022年にしか出ていない企業名もあります。1999年は，単一通貨ユーロが導入された年で，企業の財務データは本格的に市場統合が始まる以前の状況を表しています。つまり2つの期間のヨーロッパ企業のランキング，規模そして産業や国を比較することで，市場統合がヨーロッパ企業にもたらした影響を予測することが狙いです。それでは詳しく分析してみましょう。

・ドイツの代表的企業

　まず1999年と2022年の売上高ランキングで多数をしめているのはヨーロッパ最大の経済国ドイツであることがわかります。日本でも知名度の高いMercedes-Benz Group（メルセデス・ベンツグループ），Volkswagen（フォルクスワーゲン），BMWが名を連ねています。ドイツは自動車産業を中心とした製造業が盛んであり，日本の産業構造と類似しているといわれています。しかしながらその一方で日本や他のヨーロッパ諸国と経済構造において決定的に違う点があります。それは連邦制により経済の一極集中化が存在しない点です。**図表1-1**と**図表1-2**にランクインしているドイツ巨大企業の本社のある都市は全て異なります。メルセデス・ベンツグループはシュトゥットガルト，フォルクスワーゲンはヴォルフスブルク，BMWはミュンヘンです。ちなみにBMWの正式名称をそのまま日本語に訳すと「バイエルンのエンジン工場」となり，かなりローカル色を出した会社名です。そのバイエルン州の州都がミュ

ンヘンです。さらにRWEはエッセン，Uniper（ウニパー）はデュッセルドルフ，Deutsche Telekom（ドイツテレコム）はボンに本社を置いています。結局，首都ベルリンに本社を置く企業は，売上高トップ15の中には出てきませんでした。

またドイツはメッセ（見本市）を中心とした企業間の取引を重視しています。ハノーファーやフランクフルトには世界最大級の展示場があります。近年，日本でもメッセが行われていますが，その規模も回数もドイツが優勢です。ドイツと日本では歴史的・地理的な違いはあるものの，政治と経済の一極集中化により，さまざまな弊害が出ている日本経済にとって，ドイツの経済システムは参考とすべき点があるのではないでしょうか。

・フランスの代表的企業

次に多くの企業がトップ15にランクインしている国は，フランスです。日本でも一時期，事業を展開していた小売業チェーンのCarrefour（カルフール）や，日産と提携関係にあるRenault（ルノー）などが名を連ねています。Total FinaとTotalenergies（トタルエナジーズ）は同じ企業で，国際石油資本，いわゆるスーパーメジャーと呼ばれる石油関連の巨大企業です。ヨーロッパ諸国で，よく"TOTAL"という看板のガソリンスタンドを目にしますが，これはトタルエナジーズがフランスのエネルギー事業の会社でありながらヨーロッパ諸国でビジネスを展開していることの証です。

・オランダの代表的企業

続いてオランダの企業が多く，名を連ねています。外国車に詳しい方の中には，"Fiat Chrysler Automobiles（フィアット・クライスラー・オートモービルズ）がオランダ企業"と聞いて違和感を覚える方もいるのでないでしょうか。かつてフィアットといえばイタリアを代表する自動車メーカーであり，クライスラーはGM，フォードと並びアメリカの3大自動車メーカーでした。それらの企業が合併し，オランダの会社となりました。さらにフランスの自動車メーカーであるプジョーも合併し，Stellantis（ステランティス）という新しいオランダの会社が誕生しました。このようにオランダ企業の中には，"オランダ

6　PART 1　ヨーロッパ企業の理解のための多様なアプローチ

に由来がない企業"が存在します。そしてヨーロッパ企業間では，このような国境を越えた企業のM＆A（合併・買収）が頻繁に行われています。M＆Aや企業の戦略的提携に関しては，本書の第4章以降で，さまざまな具体例を示しながら詳しくみていきます。そしてヨーロッパの自動車産業の発展については，第8章で自動車メーカーの再編成の動きを踏まえて解説します。

・イギリスの代表的企業

　イギリスの企業も複数ランクインしていますが，製造業や小売業ではなく，エネルギー産業に属する企業のみです。Shell（シェル）とBP（ブリティッシュ・ペトロリアム）もスーパーメジャーとして世界の石油産業をけん引しています。シェルは以前，ロイヤル・ダッチ・シェルという名称でイギリスとオランダに本社を持ち，別々の株主を持つ二元上場会社（dual-listed company）という特殊な形態の企業でしたが，株価を重視し，意思決定を迅速にする経営スタイルを採用するためにイギリス企業へと一元化されました。Unilever（ユニリーバ）も同様に，2020年まではイギリスとオランダで上場する二元上場会社でした。1999年時点ではオランダの企業としてデータベースには登録されています。イギリスとオランダは世界の経済覇権を争った国同士であり，戦争を繰り返してきた歴史を持っていますが，現代の企業活動では密接な関係を築いています。日本でも，多くの生活関連商品を販売しているユニリーバについてはさまざまな観点から詳しくみていきます。ユニリーバのライバル企業であるスイスの食品メーカー，Nestle（ネスレ）も1999年のトップ15にランクインしています。

◆　単一通貨ユーロ導入によるランキングの変化

　次に1999年と2022年の売上高トップ15の企業のデータを比較してみましょう。どんな違いがあるでしょうか。まずは産業分類の欄をみてください。1999年のランキングには食品産業や小売業の企業がランクインしていましたが，2022年にはそれらの産業は含まれていません。それらの産業に代わり，2022年のランキングではエネルギー産業の割合が飛躍的に伸びています。エネルギー産業とは石油産業，石炭産業，電気事業，ガス事業を含みます。環境・エネルギー政

策で世界をけん引しているといわれているヨーロッパでは，エネルギー関連事業を展開する企業が発展するのは当然かもしれません。単一通貨ユーロの導入が，EUの環境・エネルギー政策に基づくエネルギー産業の企業活動をさらに発展させたと考えることも可能です。その中でもノルウェーのEquinor（エクイノール）の事業は，注目に値します。2018年にStatoil（スタトイル）から改称し，石油事業に依存したビジネスからの脱却を図りました。そしてノルウェーのエネルギー政策の推進に貢献しているだけでなく，EUあるいは世界の環境政策の一翼を担っている企業でもあります。エネルギー産業については最近の環境政策や地政学リスクなどの動向を踏まえ，第6章で，さまざまな企業の事例を紹介します。

　売上高の値に関してはどのような変化があるでしょうか。2022年の売上高が1999年よりも全体的に高くなっていることはわかりますが，さらに分析してみましょう。1999年のトップ15企業の売上高の平均は約61,961百万USドルで，2022年のその値は約208,579百万USドルとなっています。つまり23年間で約3.4倍となっています。ヨーロッパ中央銀行（ECB）によると，1999年のEU域内の物価水準を100とした場合，2022年の物価水準は170になると報告されています。以上のデータより，ヨーロッパのリーディング企業の売上高は，単一通貨ユーロ導入後に，伸びていることが分かります。低成長が続いているヨーロッパにおいて，リーディング企業の活動が成長していることがわかります。その理由についても第2章以降で考えていきます。

◆　ヨーロッパ企業の種類

　最後に企業名自体も比較してみましょう。企業名の固有名詞の後ろには，国ごとに違った省略語が付けられています。これは各国の言語で「株式会社」や「公開株式会社」，「有限責任会社」などの日本語に訳される用語を表しています。例えば，イギリスの会社Shell PLCのPLCは，英語のPublic Limited Companyの省略，ドイツの会社Volkswagen AGのAGは，ドイツ語のAktiengesellschaftの省略です。会社の正式な名称や組織の在り方は，基本的に各国の会社法によって規定されています。

　その中で，2022年の企業ランキングには例外的に"SE"という省略語が，

含まれている企業があります。"SE" とはラテン語でヨーロッパ株式会社（Societas Europaea）を意味するEU独自の超国家的株式会社です。2004年のヨーロッパ株式会社規則の発効に伴い，その設立は始まりました。したがって1999年時点では，ヨーロッパ株式会社は存在しません。ヨーロッパ株式会社は，EU全域での事業展開を可能にする法制度によって規定されています。ヨーロッパ株式会社は，設立や登記，決算報告などの会社運営を加盟国ごとの会社法に合わせて変更する必要はありません。また本社を別の加盟国に移転する場合，それぞれの加盟国で解散や設立手続きをする必要もありません。またEU域内での企業間の国際合併をスムーズに行えるという性格も持っています。このように国境を越えたビジネスを行うことを前提としたヨーロッパ株式会社は，単一通貨ユーロの導入に伴い，設立できるように法整備が行われました。

　それではヨーロッパの企業にとってEU域内の市場統合やユーロ圏の拡大はどのような影響をもたらしたのでしょうか。市場統合がもたらしたヨーロッパ企業の経営や構造の変化を理解するために，EU経済圏の発展についてみていきましょう。

2　「人，もの，サービス，資本の移動の自由」への道

◆　EU経済圏の形成プロセス

　EU経済圏における「人，もの，サービス，資本の自由な移動」は，EUの市場統合を象徴するメッセージです。

　しかしながらこのメッセージが具体的に企業活動にとって何をもたらすのかは，多くの要因が複雑に絡み合っていることや，各国の経済状況や産業構造の違いにより，一概には説明できません。企業にとって「人」は，労働者であり，消費者でもあります。「もの・サービス」は，企業が消費者に供給する最終財あるいは企業間で取引する中間財に相当します。「資本」とは企業活動にとって必要不可欠な経営資源であることはいうまでもありません。これらがEU域

内を自由に移動するということは，理論的には企業活動にとってプラスになるといえます。

例えば，人の自由移動は，企業にとって他の加盟国の優秀な人材や低賃金でも働きたい労働者の確保を容易にします。ものの自由移動は，企業活動にとって必要な資材や原材料が入手しやすい状況を作ります。また商品をEU全域において，国内と同じような条件で販売することも可能にしてくれます。しかしながら実際の経済活動においては「人，もの，サービス，資本の自由な移動」が自然に達成されるわけではありません。そのためにEU諸国は長い時間をかけて「域内の自由移動」を実現させるための制度やルールを模索してきました。

その礎となったのは，1968年に完成した関税同盟です。域内の関税の廃止・軽減および域外諸国に共通の関税を課す地域[2]がヨーロッパに誕生しました。その後，域内共通の金融制度として，1979年に導入された欧州通貨制度（EMS）が，単一通貨の導入に果たした役割は，大きかったと言えるでしょう。単一通貨ユーロの導入直前まで続いたこの制度は，域内の為替相場の安定化を目的として，年間の為替変動幅を±2.25％に抑える為替相場メカニズムでした。

そして1987年に「人・もの・サービス・資本の自由な移動を保障する」域内市場の実現を目的とする単一欧州議定書が発効されました。この目的を具体化するために，欧州連合（EU）の創設と単一通貨ユーロの創設を示したマーストリヒト条約が1993年に発効されました。そして2000年には単一通貨ユーロが流通することになったのです。このように長い時間をかけてEU諸国間で利害を調整し，「市場統合」という設計図を完成させ，現在もその設計図を修正しながら，現実の経済活動での市場統合を進めています。

◆　単一通貨ユーロ導入の効果

それでは単一通貨ユーロが導入されてからのEU域内の取引はどの程度，活発になったのでしょうか。図表1-3はEU域内の経済活動の変遷の指標として，加盟国別の他のメンバー国への輸出額の2002年と2022年のデータを示しています。2022年時点での全加盟国とその加盟年も参照してください。

2　関税同盟の原加盟国は西ドイツ，イタリア，フランス，ベルギー，オランダ，ルクセンブルクの6カ国であった。

10   PART 1　ヨーロッパ企業の理解のための多様なアプローチ

図表 1 - 3 ▎加盟国別EU域内輸出額の推移（2002年－2022年）

加盟年	加盟国名	2022年 （10億€）	2002年 （10億€）	年平均 成長率
1952年	ベルギー	413	152	5.1%
	ドイツ	863	363	4.4%
	フランス	330	196	2.6%
	イタリア	330	148	4.1%
	オランダ	660	182	6.6%
	ルクセンブルク	13	9	2.1%
1973年	アイルランド	80	39	3.6%
	デンマーク	68	37	3.1%
1981年	ギリシャ	30	7	7.6%
1986年	スペイン	253	87	5.5%
	ポルトガル	55	20	5.3%
1995年	オーストリア	140	60	4.4%
	スウェーデン	102	44	4.3%
	フィンランド	46	25	3.2%
2004年	ラトヴィア	15	2	11.9%
	エストニア	15	3	8.6%
	リトアニア	28	3	11.5%
	チェコ	188	33	9.1%
	スロバキア	83	14	9.5%
	ポーランド	260	34	10.8%
	ハンガリー	113	30	6.9%
	スロベニア	42	8	8.4%
	キプロス	1	0	8.9%
	マルタ	1	1	2.9%
2007年	ブルガリア	32	4	11.3%
	ルーマニア	67	10	9.9%
2013年	クロアチア	17	3	8.2%
	輸出合計額	4,245	1,514	

出所）Eurostatのデータに基づき著者作成

2002年の輸出額の合計額は15,140億ユーロ，2022年には42,450億ユーロとなっており，20年間で約2.8倍となっています。そして年間の輸出額平均成長率は全体では6.7％となっています。物価上昇率などを考慮しても，EUの他のメンバー国への輸出額が伸びていることは明らかです。

加盟国の中ではドイツの輸出額が最も高くなっていますが，EUで第2の経済大国フランスは，経済規模で劣っているオランダやベルギーよりも2022年の輸出額は低く，この20年間の輸出の成長率も，低い水準に留まっています。ドイツ，ベルギー，オランダが輸出主導型の経済システムを持っている一方で，フランスは内需主導型の経済システムであり，単一通貨ユーロの導入による「ものの自由な移動」という観点からは，あまり発展していないことがデータから読み取れます。

さらに**図表1-3**からは，2004年以降にEUに加盟したバルト三国や東欧諸国の輸出額の成長率が高いことがわかります。これらの国々は，2002年当時はEU域外であったためEU諸国への輸出には関税がかかっていたことから，EUへの加盟による関税優遇措置などにより，EUメンバー国への輸出が増加したと考えられます。2023年時点でポーランド，チェコ，ハンガリー，ブルガリア，ルーマニアはユーロ導入の基準を満たしておらず，単一通貨ユーロの採用には至っていませんが，すでにEUの市場統合の恩恵を受けているといえるでしょう。しかしながらこれらの輸出額が伸びているEU諸国の企業は，まだヨーロッパの中では大きな存在とはなっていないことも事実として挙げられます。

3 市場統合プロセス下での企業活動と社会への影響

市場統合を進めてきたEU域内では，企業活動にどのような変化が起きているのでしょうか。「人，もの，サービス，資本の自由な移動」は，企業にとって理論的にはプラスの影響があると述べましたが，全ての企業活動が社会全体に望ましい結果をもたらすとは限りません。EU域内において自由な競争が促進されたために，新たな問題も起こってきています。市場統合プロセス下で発

12 PART 1 ヨーロッパ企業の理解のための多様なアプローチ

展を遂げている企業が多く存在しますが，その企業の具体的な変化を捉え，社会問題を引き起こす背景について考えてみましょう。以下ではEU域内での経済活動に適用されるEU法の特徴について解説し，企業が関わった判例を紹介します。

◆ EU法の特徴

市場統合が進展する中で，企業が国境を越えて活動を行うには，EU域内での共通のルールが必要です。そのルールはEU法と呼ばれ，多くの条約で構成されています。EU法には経済活動に関する規定も含まれており，EU域内で活動を行う全ての企業や人に適用されます。その重要な特徴が，EUメンバー国の国内法に対する「優越性」と個人に対する「直接効果」です。EU法の「優越性」とは，国内法がEU法に抵触する場合，EU法が優先されるということです。EU法の「直接効果」とは，国内裁判所がEU法を適用する裁判所として個人を保護する役割を与えられていることを意味します。EU法の中には多くの規定がありますが，ここでは企業活動にとって重要となるものの自由移動の定義に関する規定を紹介します。

＜EU機能条約34条＞
輸入に対する数量制限およびこれと同等の効果を有する全ての措置は，加盟国間で禁止される。

＜EU機能条約35条＞
輸出に対する数量制限およびこれと同等の効果を有する全ての措置は，加盟国の間で禁止される。

輸入と輸出に関する数量制限を禁止することでものの自由移動を保障していることが分かります。企業活動において，輸出入の数量制限に関しては比較的観察が容易ですが，「数量制限と同等の効果を有する措置」とは具体的にどのような措置なのかは，状況によって判断することになります。それでは実際にEU域内で起こった事件について判例を確認しましょう。

第1章　単一市場は企業に何をもたらしたのか？　13

ケースに学ぶ

3 Glockenのイタリアでのパスタ販売（1988年）[3]

ドイツの有限会社3 Glocken社はイタリアの小売業者Gertraud Kritzingerを通じて，通常の小麦とデュラム小麦を混ぜ合わせて製造したパスタをイタリア国内に輸出しようとした。しかしイタリアではパスタの原料をデュラム小麦に限定する法令があり，3 Glocken社のパスタの輸入を阻止していた。この措置が34条の数量規制と同等効果措置に当たるかどうかが争われた。

（判決）

パスタの原料をデュラム小麦に限定するイタリア法により，通常の小麦を原料とする他のEUメンバー国からのパスタの輸入を妨げることは，数量制限と同等効果措置に相当するとして，輸入の妨げが禁止された。イタリア政府は公衆衛生や消費者保護などにより通常の小麦のパスタの輸入制限を正当化しようとしたが，根拠がないとして退けられた。

以上の判例から，まずEU法がイタリアの国内法に優越していることがわかります。そしてドイツの有限会社3 Glocken社の商品が，ドイツ国内での商品と内容を変えることなしに，EU全域で販売できることがわかりました。これは3 Glocken社にとってはビジネスを拡大するチャンスを意味します。その一方で，イタリア政府は自国の消費者だけでなく企業も守ろうとした可能性がわかります。なぜならドイツ企業のパスタがイタリアに入ってくることで，これまでイタリアでパスタを製造・販売していたイタリア企業は，ドイツ企業との競争に直面し，売上が下がり，利益も減少する可能性が高いからです。しかしながらイタリア政府の主張というのは，イタリア企業の保護ではなく，数量規制とその同等効果措置の適用除外を定めた以下のEU機能条約36条を適用しようとするものでした。

＜EU機能条約36条＞適用除外（正当化）

公衆道徳，公の秩序，公共の安全，人間及び動物の健康・生命の保護，植物

3　European Court Reports 1988 page 04233　Case407/85を参照。

の保存，芸術的・歴史的・考古学的価値を有する国民的文化財の保護，産業的・商業的財産権の保護

このように，生命の危機，社会秩序・文化の破壊などの十分かつ正当な理由がない限り，EU域内での自由貿易は推進されることがこの条文からもわかります。

◆ EU域内の自由な移動

それでは次に企業のEU域内の自由な移動という行動がどのような社会的な問題を引き起こすのかをみていきましょう。

ケースに学ぶ

Viking Line社 vs 労働組合（2007年）

フィンランドの会社であるViking Line社は1959年に設立された大手船会社で，フィンランド，スウェーデン，エストニア，デンマークというバルト海沿岸の国々への旅客と貨物の輸送を行う会社である。2023年時点で5艘の大型船を運航させている。

2007年当時，Viking Line社はRosella号というフィンランド国籍の船をエストニアのタリンとフィンランドのヘルシンキ間で運航させていた。Rosella号がフィンランド国籍であったためフィンランド法に基づいた賃金水準で船員に賃金を払っていたが，同じ航路に他社がエストニア国籍の船を運航させていたため，両社の間で賃金水準に差が生じ，Viking Line社は競争上で不利となっていた。そこでViking Line社は，「開業の自由」というEU法での規定を適用し，Rosella号の国籍をエストニアもしくはノルウェーに変更し，賃金水準を引き下げようとしたため，フィンランド船員組合はストライキを行うことを通告した。Viking Line社はそのストライキを止めさせるため労働組合と争うこととなった。

（判決）

「私的企業が労働組合やその連合体に対して直接的に主張する権利が導かれると解すべきである」として開業の自由につき直接効果を認めた。

第1章　単一市場は企業に何をもたらしたのか？　　15

　以上の判例ではEU法の特徴である「直接効果」が私的企業であるViking Line社の開業の自由という権利の保護に適用されています。その一方でフィンランドの労働組合員の主張は認められず，労働者の賃金が低下する可能性があります。Viking Line社の行動は競争上の不利を是正する戦略であり，競争が促進されることでサービスを利用する消費者は恩恵を受けることができるでしょう。しかしながら，今までViking Line社で働いてきた船員にとっては，同じ労働を行い続けても賃金が低下するという耐え難い待遇を受けざるを得ないとも解釈できるのです。このような状況がEUの市場統合のプロセスでは至るところで起こっていることが予測できます。このようにヨーロッパ企業と市民が直面している市場統合プロセスには，プラスの側面ばかりではなく，マイナスの側面もあることを理解することが重要です。

Somo教授のTutorial

Somo教授
イギリスの名門大学教授。経済学だけでなく経営学，法学，社会学などに精通。日本への関心も高い。

Jeanne
イギリスの大学で学ぶフランス人留学生。

アダム・スミスの経済学

Jeanne ：Somo教授，EUが市場統合によって「人，もの，サービス，資本の移動の自由」を進めていることはわかりましたが，市場が統合されるメリットにはどのようなことがあるのでしょうか？

Somo教授：そもそもどうしてEU域内で市場統合することが経済的に望ましいかを説明するには，アダム・スミスにはじまる経済学における市場理論を理解する必要があります。経済学の父と呼ばれるアダム・スミスは，1776年に出版された「国富論」の中で，人々が政府の介入や規制がない状況で，個人が自分のために自由に経済活動を行うことが，社会全体にとっても望ましい状況を生み出すと説明しました。

Jeanne ：なるほど。それでは，各国の政府の経済政策やEUの機関で取り決められている法律や制度は何のためにあるのですか？

Somo教授：アダム・スミスは確かに，政府の介入や経済活動の規制は望ましくなく，個人の自由な経済活動を推奨しているのですが，個人の自由な経済活動の結果，社会全体が望ましい状態になるプロセスは明らかにしませんでした。ただ「見えざる手」に導かれて，個人の自由な経済活動が社会を望ましい状態にすると言ったのです。

Jeanne ：あ，その言葉，聞いたことがあります。「神の見えざる手」と書いてある本を読んだことがあります。

Somo教授：そうですか。しかしアダム・スミスは，ただ「見えざる手」（invisible hand）と記しただけで，「神の‥」という言葉は用いていないのです。時々，勘違いする人もいるので困っています。もしアダム・スミスが「神の見えざる手」と言っていたら話は簡単で

す。神に導かれて，人々がどんなことをしていても社会が望ましい
状態になるということですから。しかしそうなるとアダム・スミス
は，もはや「経済学の父」ではなくなりますね。当時の新しいキリ
スト教の考えを示しただけの「宗教学者」の一人になるんじゃな
いでしょうか。

Jeanne　　：それでは，「見えざる手」は一体，何なのですか？

Somo教授：「見えざる手」に関してはこれまで多くの経済学者が，さまざまな
議論を展開しています。「価格調整メカニズム」，「市場機構」，「競
争」，「自生的秩序」などのさまざまな表現を使って「見えざる手」
を説明しようとしていますが，議論は現在も続いています。

Jeanne　　：え？　今も議論が続いているってことは，「見えざる手」が何か，
まだはっきりわかっていないということですか？

Somo教授：そうなりますね。EUの市場統合での議論の中では，この「見えざ
る手」の有力候補として，「競争」を掲げているのです。EU法にお
いても「域内の自由移動を妨げないこと」と「企業間の競争を妨げ
ないこと」は密接に結び付いています。自由な経済活動を「競争」
によって促進させることで社会全体としても，結果的に望ましい状
況になるという前提が，EUの市場統合を進めているのです。そう
考えなければ，労働者の現在の生活を犠牲にしてまで，企業間での
自由な競争を促進させるようなケースは出てこないでしょう。

Jeanne　　：でも「競争」が，常に望ましいゴールに社会全体を導くとも限らな
いのではないですか？　実際に企業間の競争を優先して，労働者の
賃金が下がったり，失業者が増えたりして，労働者やその家族が生
活に困ってしまうことはないのですか？

Somo教授：もちろんあります。だから「競争」だけでなく，政府の介入や法律，
裁判制度が必要になってくるのです。やはり「競争」だけでは，
「見えざる手」にはならないようです。

Jeanne　　：分かりました。個人の自由な経済行動のみで社会全体を望ましい状
況に導く「見えざる手」が見つかれば問題解決ですね。

Somo教授：その通りです。ということで来週までにアダム・スミスに関する論
文を読んで「見えざる手」というテーマでレポートを提出してくだ
さい！

ヨーロッパの街角で

Kirkcaldy
（カーコーディ）

　スコットランドのエディンバラの対岸にある港街，カーコーディを訪れたのは2016年の冬だった。スコットランドの冬にしては珍しく暖かい日だったのを覚えている。

　観光地でもないこの街に来たのは他でもない。アダム・スミスの生家があり，「国富論」を執筆した街であるからだ。当時から貿易が行われていたこの街であろうと思われる描写が，「国富論」の中には見られる。街は小さいながらも商売人たちの活気が感じられた。

　スコットランドは，イギリスがEU離脱を行う際に，イギリスからの独立気運が高まり，EU残留を望む声がしばしばメディアでも紹介されていた。アダム・スミスが「国富論」を執筆した家は，アダム・スミスが洗礼を受けた教会の前にある。アダム・スミスが無神論者かどうかという議論は未だに結着をみないようだが，「あの真面目なアダム・スミスが本当の無神論者であるなら，自分が洗礼を受けた教会の前に住んで執筆活動をするだろうか」と，街を歩きながら考えた。その生家の裏にあるアダム・スミスの散歩道だったと言われる細い路地を歩いていくと，急に視界が開け，広い海岸に出た。そこで波の音を聞き，遠くの船がゆっくり動くのを見ながら，のんびりと貝殻拾いを楽しんだ。カーコーディには，肉屋もパン屋も酒屋もあったが，どこにも立ち寄らず，ランチは，魚市場の隣の小さなショッピングモールの中のカフェに入った。カーコーディの街に活気があると感じたのは，商売人が商売人らしかったからだろう。

　それは，潜在的な消費者の機嫌を取ったり，彼らが会話することで消費者のニーズに応えようとしていたということだ。アダム・スミスの時代には，供給が追い付かず，現代的な商売人らしい商売人がいなかったのではないだろうか。

　アダム・スミスの経済学の再考が進み，「競争」を最優先しない市場統合の形が示されるかもしれない。

アダム・スミスの生家

本章のまとめ

　ヨーロッパの大企業はEUの市場統合後，経済活動を広げており，特にエネルギー産業の発展が確認できます。EU域内の貿易も市場統合後に成長しており，新しく加盟したバルト三国や東ヨーロッパ諸国のEU域内貿易の増大が顕著です。その一方で，EU域内での市場統合プロセスでは，企業間競争を優先するために，国際的な企業間取引や労働者の権利について，新たな問題をもたらすことにもなっています。

参考文献

庄司克宏（2015）『初めてのEU法』有斐閣　2015年12月.
庄司克宏（2014）『新EU法　政策篇』岩波書店　2014年10月.
高橋英治（2020）『ヨーロッパ会社法概説』中央経済社　2020年8月.
中西優美子（2012）『EU法』新世社　2012年4月.
田中素香編著（2002）『単一市場・単一通貨とEU経済改革』文眞堂. 2002年1月.

第2章 「自由な移動」は本当に望ましいのか？

―貿易理論のエッセンスと多国籍企業の特徴―

　貿易理論と多国籍企業の構造に関する分類について学習します。貿易理論ではリカードの比較優位理論とヘクシャー＝オリーン理論という基本的な貿易理論を解説し，新しい貿易理論について紹介します。多国籍企業についてはガバナンス構造という概念を用いて本社と子会社の関係について学習します。そしてこれらの理論や概念を用いて，国境を越えた市場統合が，多国籍企業の活動に対して与える影響について考えます。

1　貿易理論のエッセンス

　「EU域内の人，もの，サービス，資本の自由移動」は企業活動にとって，当然，望ましいと考えられているのですが，より厳密にいうと，「国の間で行われてきた自由貿易よりもさらに望ましい」と解釈できます。つまり自由貿易の仕組みを理解することは，EUの市場統合のプロセス下での企業活動を理解することにもつながります。

◆　リカードの比較優位理論

　まず古典的な貿易理論である「リカードの比較優位理論」について解説します。リカードは19世紀のイギリスの経済学者で，イギリスが他国と貿易を行うことで利益が得られる状況を「比較優位」という概念を使って説明しました。理解しやすいように2国が2財を生産する単純な例を，**図表2-1**にまとめています。A国とB国の生産する財はワインとセーターとしましょう。マトリックスのそれぞれの枠内に示された数値は，1単位の生産に必要な労働量（生産

要素）を表しています。そしてA国には労働者が合計で150人，B国には労働者が60人いるとします。

図表2-1 ┃ リカードの比較優位理論の数値例

	A国	B国
ワイン （トン）	50人	40人
セーター（万枚）	100人	20人

　この数値例を使って貿易を行う場合と行わない場合のA国，B国で起こる状況を考えてみましょう。前提条件として2国では両方の財を必要とし，失業は発生せず，労働者はどちらの財も生産することができるとします。

貿易を行わない場合（強制的に生産要素を2財に配分する場合）
　A国でワイン1トン，セーター1万枚
　B国でワイン1トン，セーター1万枚
　A国とB国の合計　ワイン2トン，セーター2万枚

貿易を行う場合（効率的に生産要素を1財に集中できる場合）
　A国でワイン3トン
　B国でセーター3万枚
　A国とB国の合計　ワイン3トン，セーター3万枚

　以上の数値例では，貿易を行う時の方が，両方の財の2国の合計生産量が多くなっています。これは1国において，より生産性の高い財に生産要素を集中させることで達成されています。
　このように自国において相対的に生産性の高い財に特化することは，他国に対して「比較優位」が存在するとされます。この「比較優位」の理論の重要な点は，B国は，A国よりもワインもセーターも効率的に生産できるにもかかわらず，B国にとっては生産を集中させ，貿易を行うことで自国の経済状況が改善する点です。この理論に基づくと，生産性に格差がある国の間でも貿易を行うことが望ましいことがわかります。

22　PART 1　ヨーロッパ企業の理解のための多様なアプローチ

　このリカードの比較優位理論に基づくと，さまざまな経済状況にある国の間
での貿易を促進させるために，EUでは，域内の関税を撤廃したり，ものや
サービスの数量制限を禁止する措置を取っていると解釈できます。

　ところがこのリカードの考えた理論では，財の貿易を行う一方で，生産要素
である労働や資本は自国に留まり，2国間の生産性には変化が起きないという
19世紀当時の状況が想定されています。よって「域内の人，もの，サービス，
資本の自由移動」という現在のEUの状況を分析するためには不十分な理論で
あるといわざるを得ません。

◆　ヘクシャー＝オリーンの貿易理論

　次にヘクシャー＝オリーンの貿易理論について解説します。リカードの比較
優位理論では財を生産する生産性の違いが，貿易を行うことの条件となってい
ました。その一方でヘクシャー＝オリーンの理論では，生産性や生産技術に差
がない場合でも複数の生産要素の存在量の比率に差があると比較優位が存在し，
貿易を行うことが望ましいことが示されました。

　先ほどの**図表2-1**で示したA国とB国がワインとセーターを生産する例を，
生産要素として労働と資本の2つを使って生産を行う状況に置き換えて，考え
てみましょう。今回の例では，前提条件として2財を生産するための生産性は
等しいとし，ワインは労働をより多く使用するという意味で労働集約財，セー
ターは工場などの資本をより多く使用するという意味で資本集約財とします。
そしてA国では労働が豊富，B国では資本が豊富であるとします。

　図表2-2はヘクシャー＝オリーンの理論を説明するために，ワインとセー
ターの市場に起こる経済状況の変化を示しています。

第2章　「自由な移動」は本当に望ましいのか？　23

図表2-2 ┃ "ヘクシャー＝オリーンの理論" のフローチャート

ワイン（労働集約財）市場
　Ａ国はワインを労働集約的に生産し，輸出
　　⇒Ａ国の労働需要が上がり，労働の価格（賃金）が上昇
　　⇒Ａ国の生産するワインの価格が上昇
　　⇒Ａ国とＢ国での労働の価格が等しくなる
　　⇒Ａ国とＢ国のワインの価格が等しくなる
　　⇒Ａ国とＢ国の経済状況が改善

セーター（資本集約財）市場
　Ｂ国はセーターを資本集約的に生産し，輸出
　　⇒Ｂ国の資本の価格が上昇
　　⇒Ａ国とＢ国の資本の価格が等しくなる
　　⇒Ａ国でセーターの価格が低下，Ｂ国でセーターの価格が上昇
　　⇒Ａ国とＢ国のセーターの価格が等しくなる
　　⇒Ａ国とＢ国の経済状況が改善

　上記の流れは，生産要素市場と財市場における需要と供給のバランスを取るために価格が調整されるプロセスを示しています。Ａ国とＢ国の経済状況が改善するという最後の部分については，「複数財を消費する際の予算制約下での効用最大化問題」という経済学理論について理解する必要がありますが，直感的には「財の価格が変化することで消費できる財の組み合わせが変化し，より望ましい消費の組み合わせが可能になり，経済状況が改善した」と理解してください。

　ヘクシャー＝オリーンの理論の方が，先ほどのリカードの理論よりも市場統合が進んでいる現在のEUの経済状況を反映しているといえます。それは「人や資本が自由に移動した結果，各国の生産性や商品の価格差がない状況」を想定しているからです。現実世界で起こっているEUの市場統合による要素価格や財の価格が収束するプロセスをある程度，的確に説明しています。

　図表2-3は，EUメンバー国の労働コストとその変化を示しています。2000年と2022年の時間当たりの労働コストの値は左軸に，22年間での労働コストの変化率は右軸に取っています。グラフ内の数値は2022年の時間当たりの労働コ

24　PART 1　ヨーロッパ企業の理解のための多様なアプローチ

図表 2 - 3 ┃ EUメンバー国の労働コストとその変化

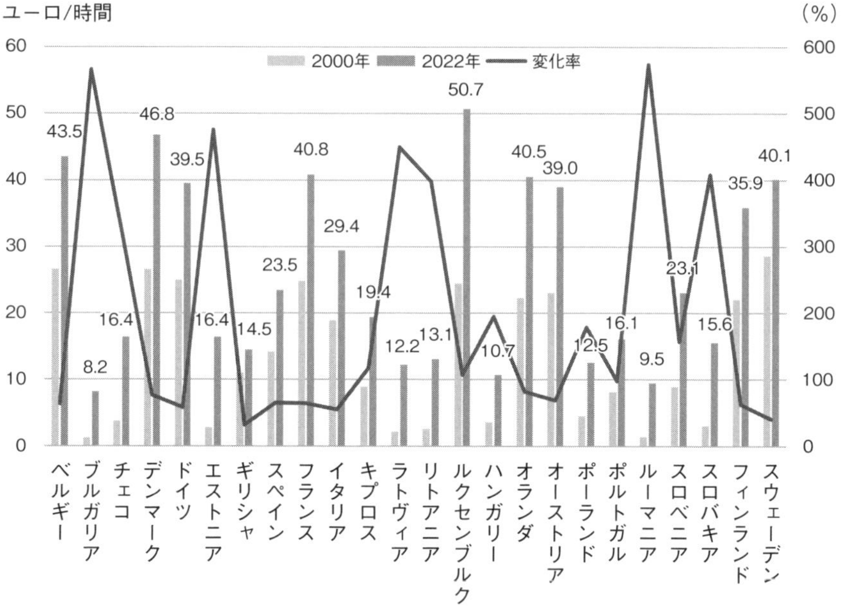

注）単位：ユーロ/時間。マルタ，アイルランド，クロアチアはデータ欠如のため除外
出所）Eurostatのデータに基づき筆者作成

ストの国別の値を表示しています。

　時間当たりの労働コストが高いのはベルギーやルクセンブルク，そして北欧
諸国であることがわかります。そして2000年以降にEUに加盟した東欧諸国や
バルト三国は労働コストが低い一方で，伸び率が非常に高いことがわかります。
単純に考えると，同じ能力をもった労働者であれば，東欧諸国よりも北欧諸国
で労働した方がより高い報酬が得られることを意味します。「人の移動の自由」
が保障されていれば，労働コストが低い地域から高い地域に人の移動が起こる
ことは明らかです。2022年の労働コストが一番高いルクセンブルクは，一番低
いブルガリアの約 6 倍であり，かなりの格差となっていますが，2000年の時点
では両国の労働コストの差は約20倍でした。つまり市場統合が進む中で，労働
コストの格差が縮小していることがわかります。

2 貿易理論の展開

　最近の貿易理論とEUに関連した研究について紹介します。

　「新貿易理論」という用語は，産業集中や規模の経済性，貿易コストが産業立地にどのような影響を与えるのかを理論化した分野で，P.クルーグマンやE.ヘルプマンらの経済学者により発展してきました。

　Amiti（1998）では新貿易理論の特徴を「伝統的な貿易理論のように比較優位に焦点を当てるだけでなく，産業構造の決定要因として市場のアクセス性の役割に注目している」と説明しています。さらに単に一国の貿易体制や産業立地の分析だけではなく，企業レベルでの行動として産業内貿易や水平的分業，直接投資などの分析への応用が展開されています。さらにAmiti（1998）では，EUにおける産業の特化と地理的集中は，規模の経済性と最終生産物に占める中間財の割合が高いことによって発生していることを実証的に示しました。

　Egger and Egger（2001）では，EUの製造業の非熟練労働者の労働生産性がアウトソーシングにより長期的には上昇すると主張しています。またHelpman, Melitz and Yeaple（2004）では生産性に違いのある企業を分析し，生産性の低い企業群は国内市場でのみ取引を行い，最も生産性の高い企業群は海外市場に投資し，中間的な生産性をもつ企業群は輸出を選択することを理論的かつ実証的に示しました。Chen and Moore（2010）ではTFP（全要素生産性）が高い企業ほど，市場規模の小さく，参入障壁の高く，かつ投資の固定費用が高い国に直接投資をする可能性が高いことを示しています。

◆　労働生産性の国際比較

　図表2-4は，2021年のOECD諸国のデータから，労働生産性の高いヨーロッパ諸国と日本とアメリカのデータを比較しています。

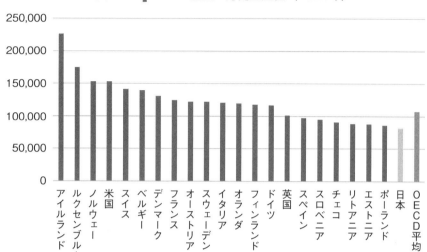

図表2-4 ｜ OECD諸国の労働生産性（2021年）

単位：購買力平価換算USドル
出所）公益財団法人日本生産性本部のデータを基に筆者作成

　一国の労働生産性とは一人当たりの労働者が生み出すGDPの大きさで、上位3位までをヨーロッパ諸国が占めています。1位はアイルランドで、アメリカの巨大IT企業のGoogleやIntel、Apple社のヨーロッパ拠点があり、この国の労働生産性を高めているといわれています。

　第1章の図表1-2でもヨーロッパ企業の売上高ランキングで6位だったApple Operations International Limitedがまさにその企業の1つです。2位のルクセンブルクは金融業や鉄鋼業が発達し、効率的にGDPを生み出す国です。3位のノルウェーは石油や天然ガスなどのエネルギー産業が労働効率的な産業に成長していることが挙げられます。5位のスイスは高級精密機械やネスレなどの巨大食品企業、そして金融業など労働効率的な産業構造を作り上げてきた国です。

　一方、日本の労働効率性はOECD38カ国中、29位と低迷しています。そしてEUへの新しい加盟国のエストニアやポーランドよりも低い水準です。失業率が低く（人口に占める就業者が多く）、労働時間の長い日本では労働生産性が

低くなる傾向にあり，労働生産性の高低だけでその国の経済力を測ることはできませんが，高い労働生産性を誇るEU諸国の経済システムに日本経済再生のヒントがあるのかもしれません。

それでは具体的にどのような企業が，生産性が高いのでしょうか。労働生産性の高いアイルランドやスイスでは，経済をリードするような企業の存在を指摘しました。先ほどの貿易理論のトレンドとしては，国と国の間での貿易を議論するのではなく，さまざまな産業構造や市場の特徴を踏まえて議論したり，企業の特徴の違いが，どのように貿易や直接投資などの行動に影響してくるのかを議論するようになっています。貿易理論でも企業の分析が中心になっていることから，企業の活動を検討することが現代のEUの経済状況を理解する上で重要となってきていることがわかります。

それではEUでの経済活動の中心となっている多国籍企業の特徴についてみていきましょう。

3　多国籍企業の構造

市場統合が進んでいるEUでは，多国籍企業は国境を自由に移動することができるようになり，その活動領域はますます広がっているといえます。多国籍企業とは，その定義はさまざまですが，複数の国で経済活動を行う企業のことであり，巨大な企業が多く，近年のグローバル化によって世界経済におけるその影響力は大きくなっています。生産性の高い多国籍企業が生産性の低い地域に進出し，ビジネスを展開することで，進出先の地域の生産性の改善が期待できるだけではなく，雇用の創出や税収の増加につながる可能性があります。

アイルランドは，法人税を低く設定することでアメリカをはじめ多くの多国籍企業の誘致に成功し，労働生産性を高めたEU加盟国の代表です。このようにEU域内で生産性の低い地域の経済活動を生産性の高い経済活動にするためには，多国籍企業の拡大が重要となってくるでしょう。

28　PART 1　ヨーロッパ企業の理解のための多様なアプローチ

◆　3つの基本類型

　多国籍企業が国境を越えてビジネスを成功させるための条件や環境については，これまで多くの議論がなされてきました。多国籍企業の本国本社と海外子会社の関係を，意思決定と経営資源の観点から，3つの基本型に分けて説明します。

マルチナショナル型

　海外子会社は独立性が強く，経営に関する意思決定権を持つ。経営資源が分散。迅速な現地市場へのアクセスや現地人材の活用に向いている。権力分散型連合体と呼ばれる。

インターナショナル型

　海外子会社は，製品開発，経営方針，戦略などの決定に際して，本国親会社に依存。その一方で親会社の技術やノウハウを海外子会社に移転させ，現地のニーズに合わせて改良するビジネスが可能。調整型連合体と呼ばれる。

グローバル型

　海外子会社は，経営に関して本国親会社のコントロールを受けるため，さまざまな権限は親会社に集中。本国でのビジネスをそのまま海外で行う際に有効。中央集権型と呼ばれる。

　これら3つの多国籍企業のタイプには短所も長所もあり，どのタイプが優れているかは，市場の状況や取引する財によっても変わってきます。

◆　トランスナショナル企業

　Bartlett and Ghoshal（1989）は，上記の3つの基本類型以外のトランスナショナル型という多国籍企業のタイプを提唱しました。トランスナショナル型とは「世界規模での効率性」，「各国の環境への対応」，そして「イノベーションの促進と対応」，という3つの戦略を同時に追求することでグローバル市場での継続的な競争優位のレベルアップを可能にする多国籍企業を指します。世

界規模で効率性を追求し，各国の環境に対応するためには，本社と子会社は多くの情報や人材を共有すべきであり，市場が分断されているよりも，単一市場の方が望ましいでしょう。

　また周佐（1989）では，多国籍企業の競争優位性は，海外子会社の蓄積する経営資源を戦略的に活用することによってもたらされることが示されました。田中（1989）は，人事・労務管理や品質管理などの海外移転が，現地従業員のパフォーマンスと生産性の向上をもたらすことを，統計的手法を用いて明らかにしています。さまざまな経営資源の移転がグループ企業間で効果的に行われることが，多国籍企業の競争優位性を生むことから，EU域内の単一市場は，多国籍企業にとって，EU域外のライバル企業との競争を優位に進める上で，望ましい環境だといえます。

◆　メタナショナル企業

　Doz, Santos and Williamson（2001）は，国際経営の新たなモデルとして，メタナショナル経営論を提唱しました。彼らは，新種のイノベーターを本国で培われた競争力や技術に依存したグローバル企業ではなく，世界市場に点在する専門知識にアクセスし，ネットワークを形成することで世界での競争優位を確立していく存在として定義し，その存在に注目しています。このモデルでは，もはや親会社と子会社という関係は成立せず，国単位で分断された経営体を想定しておらず国境を越えてネットワークを形成する企業の優位性を示しています。EUの単一市場で経営する多国籍企業は，比較的容易に「メタナショナル経営」の実践が可能となることが予想されます。

　多国籍企業が単一市場で活動を行うメリットとして，為替変動による収益や資本コストの変動リスクの回避が挙げられます。さらに資本と労働の移動が自由であることから，理論上は多国籍企業にとっては他企業との提携やM＆A，そして経営の現地化を比較的容易に行うことができます。また資本や労働力以外の経営資源の移転もスムーズに行われるため，特定の地域で成功したビジネスを，他のEU域内に短期間で拡大させることも期待できます。そうした多国籍企業の活動が，EU経済圏における生産性の向上や雇用創出にもつながる可能性を持っていることも予測できるのです。

30　PART 1　ヨーロッパ企業の理解のための多様なアプローチ

◆　多国籍企業の生産性と海外子会社データ

　それでは具体的に多国籍企業の生産性と海外進出についてのデータをみていきましょう。

　労働生産性の高い国であるスイスと中程度のドイツとイギリスの企業の比較を行います。スイスからは腕時計メーカーのSwatch（スウォッチ）社，ドイツからは自動車メーカーのメルセデス・ベンツグループ，イギリスからはCOVID-19のワクチンを日本にも提供した医薬品メーカーのAstraZeneca（アストラゼネカ）社を選びました。図表2-5には以上の3社の2022年の税引き前利益，人件費（総労働コスト），従業員数，一人当たりの労働コストと労働生産性を導出しています。労働生産性は，（税引き前利益＋人件費）/従業員数として計算しています。そして海外子会社数は企業の海外直接投資の程度の指標として示しています。

　図表2-5のデータでは，労働生産性はメルセデス・ベンツグループが一番高く，アストラゼネカ，スウォッチと続いています。そして海外子会社数もメルセデス・ベンツグループが最も多く，労働生産性と同じ順番となっています。以上のデータから，労働生産性が高い企業の方が，海外直接投資を行っているといえます。

図表2-5 ▌多国籍企業の労働コスト・労働生産性・海外子会社

本社所在地	スイス	ドイツ	イギリス
企業名	スウォッチ	メルセデス・ベンツ	アストラゼネカ
税引前利益 （千USドル）	1,187,111	21,656,236	2,501,000
総労働コスト （千USドル）	2,559,437	17,599,958	11,758,000
従業員数	32,061	168,797	83,500
一人当たり労働コスト （千USドル/従業員数）	79.830	104.267	140.814
労働生産性	116.857	232.565	170.766
海外子会社数	120	620	263

出所）Moody's社のデータベースOsirisより抽出したデータに基づき筆者作成

新貿易理論における，労働生産性が高い企業ほど，海外市場に直接投資を行う傾向にあるという議論と，抽出した3社のデータとは一致しています。しかし労働生産性に関しては，国ごとの労働市場や景気水準の他，企業が分類される産業構造や企業のガバナンス構造にも影響を受けるため，3社のみを比較することで，一般的なヨーロッパ企業の労働生産性の特徴を導き出すことは困難です。

　さらに**図表2-4**でみたように労働生産性が高いスイスの企業であるスウォッチの労働生産性は他の2社よりも低くなっています。企業活動を分析する際には，一国のマクロデータや統計解析の結果に依存するだけでなく，個別の企業について詳細に検証することも必要になることを示しています。

　例えば，メルセデス・ベンツグループですが，2022年時点では労働生産性が高くなっていますが，実は2021年に，乗用車とバンが主体の企業となり，傘下にあったトラック部門を完全に独立させ，ダイムラートラック社として分離した結果，2022年の従業員数が激減しています。その結果，労働生産性が高くなったのです。このような因果関係を発見することが，ヨーロッパ企業の動向を理解するためには必要となってきます。

ケースに学ぶ

NOKIA（ノキア）の盛衰

　ノキアの歴史は，1865年にフィンランドに設立された木材パルプ工場から始まった。1912年に設立されたフィニッシュ・ケーブル・ワークスはフィンランドで初めての電線・ケーブルの製造会社であり，1966年にノキアと合併した。1980年代，テレビメーカー，エレクトロニクス・コンピュータ会社，ドイツ・フランスの家電企業を買収し，ヨーロッパ最大のテレビメーカーとなった。しかし1990年代にフィンランド市場の不況などにより，財政危機に陥り，発電，タイヤ，ケーブル，テレビ事業を売却し，通信機器事業に専念する戦略を取った。ノキアは1960年代に無線機電話を製造し，デジタル化に取り組み，1969年，世界初の国際標準規格に沿ったデジタル伝送機器を発売していた。

　第2世代携帯電話機の通信方式規約であるGSM技術の主力開発企業の1つであったノキアが採用した戦略が，後にメタナショナル経営論で理論化されるコオプションである。コオプションとは競合他社や補完的な製品やサービスのプロバイダーをパートナーにすることである。

　ノキアはGSM方式の技術を公開することで世界のオペレーターをパートナーとし，GSM方式の開発を共同で進め，最終商品の市場を拡大させた。そしていわゆるクリティカル・マス（顧客が自動的に拡大していく臨界的加入率）の構築に成功した。ノキアは携帯電話で世界シェアトップとなり，2007年にはそのシェアが50.8％を占めていた。

　しかしながらスマートフォン開発に後れを取ったことから，新参企業のアップルやグーグルにシェアを大きく奪われてしまう。そこにはコオプション戦略で提携していた通信会社との関係が足かせとなり，新たなビジネスモデルへの変更も出来なくなっていた。

　2014年にはマイクロソフト社に携帯事業を売却。通信機器メーカーとして再出発し，次世代通信5Gの主要メーカーとなった。そして2023年時点で，再びノキアのスマートフォンはヨーロッパを中心にシェアを伸ばしている。「信頼と安心」というブランドイメージを作り，かつて世界トップシェアを誇ったノキアが，今後，携帯電話市場でどのようなパフォーマンスをみせるのかが注目されている。

Somo教授のTutorial

異文化経営論

Jeanne ：多国籍企業には，言語や文化も違うさまざまな国の人が働いていると思いますが，それは企業のパフォーマンスにとって利点になることも欠点になることもあるのでしょうか。

Somo教授：ヨーロッパでは外国人同士で働くということは，当たり前のことですが，日本のように単一民族・単一言語・単一文化と言われる国で国内労働者が多数を占める企業があるのも事実です。ヨーロッパ諸国は複数の民族が陸続きの地域で共存してきた歴史があり，習慣や文化の違いを多国籍企業の経営あるいは人的資源管理（HRM）でも考慮しています。それでは異文化経営論について紹介します。

Jeanne ：将来は多国籍企業で働きたいので，是非，お願いします。

Somo教授：1つ目の研究は，ホフステッドによって1960－70年代に行われました。その方法は，世界40カ国のIBM社の社員11万6,000人に対し，調査を実施し，組織内での文化の差を権力格差，個人主義，男性度，不確実性回避，長期志向の5次元モデル（指標）として提唱しました。そして国によってこれらの指標に違いがあることを示しています。例えばラテン諸国とアジア，アフリカでは権力格差が高く，英米では低いという結果です。

Jeanne ：やはり個人主義が高いのは欧米諸国ですか？

Somo教授：その通りです。そして中南米では低くなっています。

Jeanne ：男性度指標とは何ですか？

Somo教授：高い収入や昇進を志向するのを男性度と定義し，イタリアや日本で高い男性度を示しました。2つ目は，トランペナーズの異文化経営論です。以下のような7つの次元を軸に各国の比較を行いました。

1．普遍主義と個別主義（Universalism vs Particularism）
ルール志向で例外を認めない程度で測定。普遍主義的ビジネスでは契約を重視。個別主義ではルールはガイドラインとして捉え，人間関係を重視する傾向。プロテスタントの国で普遍主義的傾向が強い。

34　PART 1　ヨーロッパ企業の理解のための多様なアプローチ

２．中立的と感情的（Neutral vs Emotional）

感情をどの程度，表現するかを測定。日本は世界で最も中立的で，欧州ではオーストリアが最も中立的。イタリア，スペイン，フランスは感情的程度が高い。

３．個人主義と集団主義（Individualism vs Communitarianism）

欧米各国は個人主義的傾向だが，その中でフランスは集団主義的な傾向。

４．特定的と拡散的（Specific vs Diffuse）

特定的とはビジネスの肩書や上下関係が仕事の場に限られていること。
アメリカ，イギリス，スイス，北欧諸国は特定的文化圏であると指摘。

５．業績と属性（Achievement vs Ascription）

業績か（年齢，階級，学歴などの）属性のどちらで社会的評価が決まるかの程度を測定。プロテスタント系の国が業績を重視し，カトリック系，仏教系，ヒンズー系の国が属性を重視することが示された。

６．時間との関係（Attitude to Time）

過去と現在と未来の関係の差異を測定。フランス，カナダ，ノルウェーでは過去，現在，未来がオーバ　ラップしていること，日本やマレーシアでは過去，現在，未来が密接に関係していることが示された。

７．環境との関係（Attitude to the Environment）

自然をコントロールするか自然の一部として存在するかという次元を測定。欧米は自分でコントロールしようとする傾向が強く，ロシアや中国ではその傾向が弱くなっていることが示された。

Jeanne　：なるほど。多国籍企業の労務管理や人事管理にも応用できそうですね。国の間で習慣や態度に差がある以外にも，宗教ごとにも差があることも興味深いです。

Somo教授：そうですね。人々が行動や態度を決定する根幹には，宗教の存在があります。他の宗教を理解することが国際経営には，ますます求められてくることでしょう。

第 2 章 「自由な移動」は本当に望ましいのか？　35

ヨーロッパの街角で

Düsseldorf
（デュッセルドルフ）

　この街には，幾度となく訪れている。最初に訪れたのは，たしか2000年だった。2006年にはデュッセルドルフ近郊のドイツ人宅にホームステイし，ドイツ語の語学学校にも通っていた。2006年から2008年にかけては，ボンに住んでいたが，週末や休暇を利用して，買い物とホームステイでお世話になったファミリーに会うのを兼ねてボンとデュッセルドルフを車で往復していた。

　デュッセルドルフの特徴と言えば「日本人の街」である。ドイツ政府が政策的に日系企業を誘致し，多くの日本企業の子会社が進出しており，日系の店舗が軒を連ねているエリアや日本人学校もある。

　デュッセルドルフでの一番のお目当ては，日本食料店であった。ボンではなかなか手に入らない日本食の調味料や米，麺類などの買い出しである。日本食のお店の近くの肉屋では，牛肉も豚肉も薄くスライスしてくれたので，美味しいしゃぶしゃぶをドイツで食べることができた。日本食のレストランも沢山あった。ランチの時間には，日本さながら行列ができる人気店もあった。サッカー日本代表の選手らの多くが，ヨーロッパのクラブチームに所属し始めた頃，各地から集まって食事会をしていたのもデュッセルドルフだ。私もボン大学で日本企業の授業を担当した際には，学生達にカラオケに行きたいと頼まれて，わざわざデュッセルドルフの日系ホテルのカラオケボックスまで来たこともあった。

　デュッセルドルフには日本商工会議所もある。本書でも引用しているドイツ日系企業に関する論文のために，日本商工会議所にアンケートやインタビューの調査に協力して頂き，デュッセルドルフ駐在中の日系企業の代表の方々にも直接インタビューに答えて頂いた。プライベートでも研究でも大変お世話になった街である。デュッセルドルフ出身のドイツ人の友人が，小学生の頃，日本人と雪合戦をして遊んだことを楽しそうに話してくれた。ヨーロッパの中にある「リトル・ジャパン」をこれからも大切に維持していくべきだろう。

ホームステイ先でのクリスマスツリーの飾り付け

本章のまとめ

　新旧の貿易論，多国籍企業論の観点から，EU域内の単一市場は企業活動にとって望ましい条件を多く含んでいると結論づけられます。EU諸国のデータは単一通貨導入後に労働コストが上昇していることを示しています。またEU諸国の労働生産性が高いことが示されています。EUの経済動向を検証するためには，個別の企業のデータを分析することは重要ですが，抽出された企業データの解釈には，企業や産業の特徴を考慮した分析が必要となります。

参考文献

浅川和弘（2006）「メタナショナル経営論における論点と今後の研究方法性」『組織科学』Vol.40，No.1 13-25ページ．

嘉治佐保子（2013）「ユーロ危機とガヴァナンス改革」，日本EU学会年報第33号，pp.190-212.

周佐喜和（1989）「グローバル成長のダイナミック・プロセス―海外子会社の戦略的役割―」『組織科学』Vol.23,No.2, pp.19-34.

田中拓男（1989）「日本的経営技術の移転―可能性と成果に関する統計的検証―」『組織科学』Vol.23 No.2, 35-45ページ．

Amiti, M（1998）New Trade Theories and Industrial Location in the EU: A Survey of Evidence, *Oxford Review of Economic Policy*, Vol.14(2), 45-53.

Bartlett, C.A. and S.Ghoshal（1989），Managing Across Border : The Transnational Solution, Harvard Business School Press.

Chen, M.X. and M.O. Moore（2010）Location Decision of Heterogeneous Multinational Firms, *Journal of International Economics*, Vol.80(2), 188-199.

Doz,Y., J. Santos and P. Williamson（2001）From Global to Metanational: How Companies Win in the Knowledge Economy, Harvard Business School Press.

Egger, H and P. Egger（2001）International Outsourcing and The Productivity of Low-Skilled Labour in the EU, WIFO Working Papers, No.152.

Helpman, E, M.J. Melitz and S.R.Yaeple（2004）Export versus FDI with Heterogeneous Firms, *American Economic Review*, Vol. 94(1),300-316.

Markusen, J.R.（1995）The Boundaries of Multinational Enterprises and The Theory of International Trade, *Journal of Economic Perspectives*, Vol. 9(2), 169-189.

Melitz, M.J.（2003）The Impact of Trade on Intra-Industry Reallocations and Aggregate Industry Productivity, *Econometrica*, Vol.71(6), 1695-1725.

第3章　企業の所有構造を調査しよう
―コーポレートガバナンスと株式市場の関係―

　ドイツ，イギリス，フランスのコーポレートガバナンスについて比較し，国や産業によって企業の株式構造にどのような違いがあるのかを学習します。そしてEUにおいて，資本の自由移動を促進させる株式市場の発展が，企業活動に与える影響について考えます。

1　コーポレートガバナンスの課題

　近年，コーポレートガバナンス（企業統治）をめぐる議論が，さまざまな場面で展開されています。実務レベルの議論では，コーポレートガバナンスとは「企業の経営，特に株式会社の経営に関して株主の価値を最大限にするための措置を取ること。具体的には取締役と執行役の分離，社外取締役の設置，社内ルールの明確化」を指す概念として認識されていたのではないでしょうか。しかしながら金融取引不正や粉飾決算などの企業の不祥事が世界的に報告される中で，企業の不正を防ぎ，株主（シェアホールダー）ではなく，全ての利害関係者（ステークホールダー）の厚生を重視し，長期的な企業の成長を達成することが重要なポイントとなってきました。

　特にアメリカで2000年代初めに起こったエンロン，ワールドコム社の金融取引不正や粉飾決算が決定的となり，コーポレートガバナンスの課題は，株主価値の最大化に代表される株式会社の構造のみを議論するのでなく，社会に長期的に貢献できる企業の体制を検討することになりました。そのような背景の中で，EUでは市場統合が進み，資本市場は自由化されました。そしてヨーロッパ企業のコーポレートガバナンスにも変化がみられています。

◆ 株式会社の構造

　ヨーロッパ企業のコーポレートガバナンスの特徴をみる前に，代表的な企業の形態である株式会社の構造と法律用語について確認しておきます。

　株式会社とは，会社の所有権と経営権を分離した企業形態で，有限責任の社員で構成されます。ここで社員とは一般に使われている意味ではなく，株主も経営者もそれ以外の従業員も社員に含まれます。株主とは，会社の所有者として株式を所有し，その限りにおいて責任を持つ存在（有限責任社員）であり，基本的に株式の売買が可能です。

　以上のような株式会社の概念は，国際間でも共有されていますが，株主・経営者・従業員の間での関係や具体的な役割と義務については，企業が活動を行う国の法律や会社ごとの定款によって定められています。

　しかしながら株式会社の中には，公開会社と閉鎖会社があります。株式を証券取引所に上場し，多くの株主によって株式が所有されている会社を公開会社，株式が市場で取引されていない会社を閉鎖会社（非公開会社）と呼びます。

　閉鎖会社は経営者あるいは少数のオーナーグループにより株式が所有されることが一般的であり，会社の所有と経営の分離が必ずしも実現されていない場合もあります。このような閉鎖会社は，資金調達が困難になったり，社会的な経営のモニタリングが不足するという短所があり，株式会社本来の設立目的に反する部分もあります。

　しかし公開会社には，不特定多数の株主のさまざまな利害を調整したり，株主の意見を反映するあまり，経営者が自由に経営権を行使できないような場合もあります。経営者の中には，そのような状況を避け，長期的に企業を成長させる戦略を取るためや，株主以外の利害関係者である従業員や消費者の利益を優先させるために閉鎖会社を選択する場合もあるでしょう。

　そして有名なヨーロッパ企業の中には閉鎖会社として独自の経営スタイルを保ち，世界市場で優位な地位を確立している企業もあります。

2 ドイツ・イギリス・フランスの コーポレートガバナンス比較

◆ ドイツ

　ドイツのコーポレートガバナンスである「共同決定システム」について説明します。戦後のドイツの資本主義で採用されたシステムで，度重なる法改正を経て，現在もドイツの企業の活動を規定するシステムとなっています。

　その特徴は，監査役会と取締役会とに分離した「二層型」の構造となっている点と，監査役会には株主などの出資者代表と労働者代表が半数ずつ含まれる「労使による共同決定」が採用されている点です。そしてこの監査役会の権限は，日本における監査役と比較して，大きいことも特徴として挙げられます。監査役会は，文字通り，取締役会を監査する役割を担っており，監査役会と取締役会のメンバーを兼ねることはできません。

　監査役会の具体的な役割として，1．取締役員の選任と解任権，2．業務執行に対する監視と助言，3．会計の監査，年度決算書の承認，4．定款や規定に基づく会社の重要事項に対する同意留保権などが法的に規定されています。このようにコーポレートガバナンスにおいて重要な役割を持つ監査役会の半数を労働者代表が占めることから，企業の経営方針に労働者の意見が反映されるシステムとなっています。

　以上のようなドイツの「共同決定システム」では，高い賃金水準や安定した労働条件が確保される一方で，労働生産性の低下やそれに伴う国際競争力の低下をもたらしました。またドイツでも1990年代に大企業の不祥事が相次ぎ，監査役会の取締役会への監視機能の不全が問題となりました。そして2000年代以降，監査役会の監視の効率化と，国際競争力を高めるための株主価値の向上のためのコーポレートガバナンスの改革が行われています。

　このような背景の中で，ドイツ企業の中には，共同決定システムを採用する必要のないヨーロッパ株式会社（SE）になる企業も現れました。

40　PART 1　ヨーロッパ企業の理解のための多様なアプローチ

◆　イギリス

　イギリスのコーポレートガバナンスの特徴は，柔軟な原理原則の解釈とその改善プロセスです。

　1980年代後半から1990年代初頭にかけ，イギリスでは，公開会社の不祥事が相次ぎ，企業が公表する財務への信頼性が失われました。これらの企業の不祥事を受け，1992年に企業のコーポレートガバナンスの遵守状況を明らかにしたキャドベリー報告書が出され，これ以降のイギリスのコーポレートガバナンスの基本的な考えが示されました。

　さらに1980年代には，エネルギー産業，インフラ産業を中心として多くの国営企業が部分的に民営化され，政府がその民営化された企業の株を所有しました。そして「優先株」などの「黄金株」が原則，政府によって保有されました。「黄金株」には，特定個人による株式所有の制限，会社の閉鎖や解散に関する制限，取締役任命の条件などの経営を左右する権限が付されており，公開会社のコーポレートガバナンスに政府が直接影響力を持つようになりました。

　しかしながら1995年に，水道・エネルギーなどの民営化企業の経営陣の高額報酬問題が顕在化したことから，取締役報酬の決定方法の見直しと報酬に係る情報開示の改善を提言したグリーンベリー報告書が公表されました。その後もコーポレートガバナンスに関するさまざまな報告書が公表され，現在のイギリスのコーポレートガバナンスは，徐々に改善されてきました。

　その特徴を以下にまとめます。

　1つ目の特徴は，「一個人に決定権が集中しない状況を確保することが重要」との認識の下，チェック・アンド・バランス（checks and balances）による統治が徹底されていることです。

　2つ目の特徴は，「すべての企業に同一の規律を適用させる（one size fits all）」ことは不適切との認識の下，「遵守せよ，さもなくば説明せよ（comply or explain）」のアプローチを採用していることです。

　3つ目は，企業やその取締役に規律を求めるだけでなく，ステークホルダーとしての機関投資家による企業へのエンゲージメントの強化を目的としたスチュワードシップ（財産管理としての責任）・コードが明確に示されている

点です。

　4つ目は，法規制のみで一律に規制するのではなく，ひとつの指標として先進的な企業の慣行を「最善慣行規範（Code of Best Practice)」として定め，他の企業への目標とさせることで社会全体でのコーポレートガバナンスの底上げが図られている点です。

　以上のように，イギリスでは市場経済において競争を促進するような自由な企業活動や企業組織を前提とするため，独占状態や規制を最小限にとどめる措置がコーポレートガバナンスの特徴にも反映されていることがうかがえます。その一方で，企業の不祥事を未然に防ぎ，公正な企業活動を推進するために必要なコーポレートガバナンスの形を試行錯誤しているようにも捉えられます。

◆　フランス

　フランスのコーポレートガバナンスは，ドイツとイギリスの制度や議論の影響を受けています。

　1990年代以降，2国同様に度重なる議論が行われてきました。特に1992年のイギリスでのキャドベリー報告書の提出後に，フランスでもコーポレートガバナンスの改革が行われています。そして2001年に「新経済規制法」が成立し，現在のフランスのコーポレートガバナンスの基礎が形成されています。この法には，他社取締役の兼任の上限を5社にすることや取締役報酬の個別開示を義務付けることなども含まれています。

　フランスのコーポレートガバナンスには3つのタイプが存在し，企業は適したタイプを選択することができます。その3つのタイプを紹介します。

①　二層型取締役会：監査役会と執行役会からなり，監視機能と執行業務が
　　完全に分離

②　単層型取締役会―会長・最高経営責任者兼務型：権限が集中

③　単層型取締役会―会長・最高経営責任者分離型：経営と監視の分離

　タイプ①では監査役会と執行役会が置かれ，監視機能と執行業務が完全に分離されているという意味で，二層型取締役会と呼ばれているドイツ型のコーポレートガバナンスです。監査役会委員は執行役会との兼務はできず，執行役会会長と役員の選任を行う機能を持っています。大企業での導入率が高く，機関

投資家からも支持されるコーポレートガバナンスのタイプですが，採用する企業は全体として多くありません。

　タイプ②とタイプ③はどちらも監査役会を持たないという意味で単層型取締役会と呼ばれますが，タイプ③は2001年成立の「新経済規制法」によって誕生した「単層型において経営と監視の分離を可能にした新しいコーポレートガバナンス」のタイプです。

　経営と監視を分離する単層型コーポレートガバナンスの出現の背景には，フランスにおける「エリートと官僚主導による経営スタイル」が効率的に機能しなくなったことが原因の1つと考えられます。

　フランスでは元々，"グラン・ゼコール"と呼ばれる高等専門学校でのエリート教育が確立しています。フランスでは，高校卒業資格試験であるバカロレアを受験し，合格者は大学に進学することができます。そしてこのバカロレア合格者の中で大学には進学せず，さらに2年間の準備を経て入学試験に合格するとグラン・ゼコールに進学することができるのです。

　グラン・ゼコールでは経営分野，政治分野，軍事分野，芸術分野などに特化した専門教育を行っており，それぞれの分野での国家を担うエリートを養成することが目的です。政治の分野では国立行政学院（通称ENA）が，マクロン大統領をはじめ，歴代の大統領や多くの官僚を輩出しています。ビジネス界では，多くの大企業の経営者はグラン・ゼコール出身者です。日産とルノーの元CEOであったカルロス・ゴーン氏やラグジュアリー界の帝王と呼ばれるLVMHモエ・ヘネシー・ルイ・ヴィトンの会長兼CEOベルナール・アルノー氏もグラン・ゼコール出身です。

　さらに大企業の経営者として元官僚が着任することもあります。このフランスの教育制度は，ドイツとイギリスの教育制度とは一線を画しており，フランスの企業経営や労働市場に影響を与えていることがわかります。（ドイツとイギリスの教育システムと労働市場については第5章を参照。）

　以上の教育制度を中心に，フランスは政治とビジネスが一体となったシステムを築きました。コーポレートガバナンスに関しては，少数のエリートによる相互監視や政府の介入が行われ，株主，経営者，被雇用者を含めた利害関係者全体の利益や一国全体の中長期的な成長・競争を向上させることがコーポレー

トガバナンスの目的とされてきました。このような社会的価値に基づくと，コーポレートガバナンスは，業務執行と監視が分離しない単層型取締役会（タイプ②）が効率的に機能します。

またフランスでは，「２倍議決権」という，「株主が企業の全額払込済の記名式株式を最低２年間所有した場合，一株に付き２票の議決権が与えられる」制度が存在します。これにより長期保有株主を優遇し，安定した経営が可能となります。

1980年代にはイギリス同様，多くの国営企業が民営化されたのですが，結局，国営企業の官僚が民営化企業の経営者となりました。フランスでコーポレートガバナンスの改革のきっかけとなったのは，1990年代末のメディア・通信セクターの経営危機でした。中でも最大手のフランステレコムとヴィベンディ・ユニバーサル社の経営破綻では，これらの会社のCEOがグラン・ゼコール出身者であったこともあり，取締役会長と代表執行役を兼任することで権力が集中するコーポレートガバナンス（タイプ②）の見直しを余儀なくされ，監視と執行を分離した単層型取締役会（タイプ③）の誕生となったのです。

3　ヨーロッパ株式市場と企業のパフォーマンス

◆　ヨーロッパの主要証券取引所

ヨーロッパの株式市場とその市場で株式を売買する公開株式会社のパフォーマンスについてみていきましょう。

ヨーロッパ諸国には多くの証券取引所が点在しておりますが，2000年代以降，証券取引所の統合や合併による再編が進んでいます。2000年にフランスのパリ，オランダのアムステルダム，ベルギーのブリュッセルの証券取引所が統合されユーロネクストという証券取引所が誕生しました。そして2002年にポルトガルのリスボンが加わり，2018年にはアイルランドのダブリン証券取引所，そして2019年にノルウェーのオスロ証券取引所がユーロネクストに加わりました。

44　PART 1　ヨーロッパ企業の理解のための多様なアプローチ

　ロンドン証券取引所は2007年に，イタリア証券取引所を買収し，ロンドン証券取引所グループ（LSEG）となりましたが，2021年イタリア証券取引所はユーロネクストの傘下に入りました。

　ドイツでも株式市場の統合や再編の動きがあり，現在も交渉が続いていますが，2023年時点では，フランクフルト証券取引所が最大です。この他，ハンブルク，ミュンヘン，ベルリンなどに合計8カ所の証券取引所を有しており，運営は各証券所が独立して行っています。

　北欧では2003年にスウェーデンのストックホルム，フィンランドのヘルシンキ，バルト三国の証券取引所が統合され，OMXグループを形成しました。その後，デンマークのコペンハーゲン証券取引所，アイスランド証券取引所，アルメニア証券取引所もOMXに加わり，2008年にはアメリカのナスダックにより買収，経営統合が行われ，2015年にナスダック・ノルディックに名称が変更されました。

　上記以外の主なヨーロッパの株式市場として，ジュネーブ証券取引所，バーゼル証券取引所，チューリッヒ証券取引所が合併して誕生したスイス取引所があります。

　それでは株式の取引量が多い，ユーロネクスト，ロンドン証券取引所，ドイツ証券取引所について比較していきましょう。

◆　ドイツ証券取引所，ユーロネクスト，ロンドン証券取引所の比較

・比較方針

　EUの市場統合によって「資本の自由移動」が進んだといわれていますが，株主を持つ公開会社は，どのような変化を遂げているのかについてデータを分析することで検証してみましょう。

　主要な3つの株式市場に上場している企業のデータを分析の対象とするため，それぞれの分析データの名称と特徴を示します。ドイツ証券取引所とは，フランクフルト証券取引所を含むドイツ国内にある全ての証券取引所に上場している企業のグループとします。ユーロネクストに関しては，パリ，アムステルダム，ブリュッセル，リスボンの証券取引所に上場している企業グループを対象

第3章　企業の所有構造を調査しよう　45

とします。ロンドン証券市場はロンドンの証券取引所のみの上場企業のデータ
とします。

　そして企業を設立時期に応じて2つの企業群に分けています。1つめの企業
群は1999年以前に設立された上場企業のオールド企業群です。2000年から2022
年のデータを抽出するので，全ての年を通じてサンプル企業が同じになり，年
代間でのデータの比較がしやすくなります。2つめの企業群は2000年以降に設
立された上場企業のニューカマー企業群です。この企業群では，各年代間で抽
出されるサンプル企業に違いが生じますが，単一通貨ユーロが導入された後に
設立された企業のパフォーマンスの特徴をみることができます。

　そして上場企業のパフォーマンスを測定するために株主資本比率，債務超過
企業率，株主資本利益率（ROE）の証券取引所グループごとの平均値を算出し，
比較します。

・株主資本比率

　株主資本比率とは，株主資本/総資本×100で計算される値で，企業の資本に
占める株主資本への依存度を測定します。株主資本とは，株主からの出資と利
益の蓄積からなる，「株主の持ち分」を意味します。この資本は，企業にとっ
ては自己の資本となるため，この値が大きいほど，総資産に占める負債が小さ
いことを意味し，倒産の心配がないと判断できます。またこの値が大きくなれ
ばなるほど，企業は株式市場からの資金調達に，より依存していることを意味
します。

　図表3-1は，1999年以前のオールド企業群の株主資本比率の推移のデータ，
図表3-2は，2000年-2022年に設立のニューカマー企業群のデータを示して
います。これらのサンプルには債務超過の状態にある企業を含んでいません。

　それではオールド企業群についてみてみましょう。図表3-1より，ロンド
ン証券取引所の株主資本比率が最も高く，その値が成長していることがわかり
ます。ドイツ証券取引所とユーロネクストに関しては，2000年から22年を通じ
て，40％台で推移しており，経年で成長しているとはいえません。

　ドイツ証券取引所とユーロネクストに上場する1999年以前に設立したオール
ド企業群は，資本移動の自由が加速している単一市場にあっても，株式による

図表3-1 ┃ 1999年以前設立・オールド企業の株主資本比率の推移（単位：％）

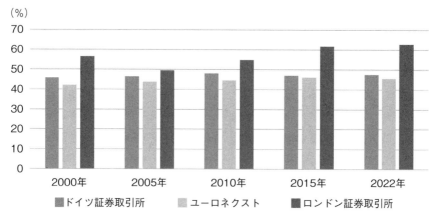

出所）Moody's社のデータベースOsirisより抽出したデータに基づき筆者作成

図表3-2 ┃ 2000－2022年設立・ニューカマー企業の株主資本比率の推移

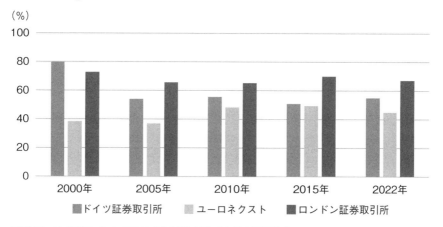

出所）Moody's社のデータベースOsirisより抽出したデータに基づき筆者作成

資本調達という経営スタイルに移行したわけではないといえます。

次にニューカマー企業群です。図表3-2からは，2000年以外の年では，やはりロンドン証券取引所の株主資本比率が他に比べて高いことがわかります。2000年にドイツ証券取引所の値が高くなっていますが，サンプル数が極めて少

ないため，ドイツ国内の上場企業のトレンドを示しているとはいえません。ユーロネクストでは経年で多少の成長がみられますが，2010－2022年の実際の数値は，図表3－1の同時期の数値と同程度であり，ユーロネクスト上場企業の資金調達の方法が，変化しているとはいえないでしょう。

　さらに詳しく，図表3－1と図表3－2のドイツ証券取引所のデータを比べてみましょう。全体としては図表3－2の企業グループ，つまり2000－2022年にドイツ証券取引所に上場したニューカマー企業の方が，株主資本比率が多少高くなっています。これはドイツ証券取引所への上場企業の資金調達方法に変化があったことを示しているといえるでしょう。ドイツでは伝統的に，株式を上場しない有限会社が多く，銀行による融資や経営参加が一般的に行われていました。ドイツでは銀行の再編や制度の改革もあり，企業のコーポレートガバナンスが，銀行重視から株式重視に移行していると報告されています。

　今回のデータ分析からドイツにおける株式重視というトレンドは，設立が2000年以降のニューカマー企業群で顕著であることがわかります。

・債務超過企業率

　図表3－3は，上場企業の債務超過に関するデータをまとめています。債務超過になる要因を特定することは困難ですが，債務超過が続くと，資金の調達が難しく，結果的に倒産する可能性が高くなります。上場企業が優良企業ばかりではなく，債務超過となっている企業が多数存在している状況は，証券取引所にとって，株主からの信頼が低下する可能性もあります。さらには株式市場，資本市場の発展の阻害にもなりかねません。

　サンプル企業数は，2000年，2005年，2010年，2015年，2022年の5年分の総資本と株主資本を報告している企業総数を表しています。

48　PART 1　ヨーロッパ企業の理解のための多様なアプローチ

図表3-3 ▎債務超過にある企業数の比較

	ドイツ証券取引所		ユーロネクスト		ロンドン証券取引所	
	債務超過企業率	サンプル企業数	債務超過企業率	サンプル企業数	債務超過企業率	サンプル企業数
1999年以前設立の企業群	1.51%	1,717社	3.24%	2,623社	2.50%	2,166社
2000年〜2022年設立の企業群	4.37%	435社	10.40%	615社	5.20%	2,097社

出所）Moody's社のデータベースOsirisより抽出したデータに基づき筆者作成

　図表3-3から，2000-2022年に設立されたニューカマー企業の方の債務超過率が，全ての株式市場で高くなっていることが分かります。単一通貨ユーロが導入され，資本の自由移動が進む中で，新たに設立された企業の方が，債務超過に陥りやすくなっている状況がうかがえます。

・株主資本利益率（ROE）

　株主資本利益率（ROE）に関するデータの分析を行います。ROEは，投資家が投下した資本に対し企業がどれだけの利益を上げているかを表す指標で，純利益/株主資本×100で計算します。

　ROEは株主にとって，上場企業を評価する重要な指標の1つです。株主にとっては，企業の利益のうち，どれだけ自分達に還元されるかが重要なため，ROEを重視するのです。配当は自己資本から出されるため，ROEが高いことは，配当金すなわちインカム・ゲインが高いことにもつながります。この値が大きければ大きいほど，株主にとって価値のある企業であり，優良企業といえるのです。

　図表3-4は，1999年以前設立のオールド企業群のROEの平均値，図表3-5は，2000年-2022年設立のニューカマー企業群のROEの平均値の推移を示しています。

第3章　企業の所有構造を調査しよう　49

図表3-4 ▎1999年以前設立・オールド企業のROEの推移（単位：％）

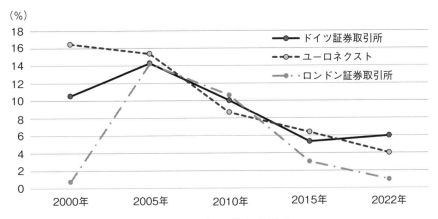

出所）Moody's社のデータベースOsirisより抽出したデータに基づき筆者作成

図表3-5 ▎2000年－2022年成立・ニューカマー企業のROEの推移

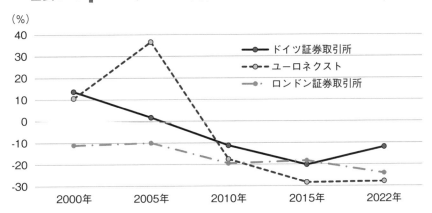

出所）Moody's社のデータベースOsirisより抽出したデータに基づき筆者作成

　図表3-4から，ROE平均がすべての株式市場において年々，下降する傾向にあることがわかります。2000年にはユーロネクストのROE平均が最も高く16％以上となっていましたが，2022年時点では，ドイツ証券取引所の約6％が最も高い水準となっています。日本の証券市場である東証1部のROE平均が

50　PART 1　ヨーロッパ企業の理解のための多様なアプローチ

約10％程度といわれていますので，1999年以前設立の比較的歴史のある上場企業においても，近年のROEは低い水準にあることがわかります。

　ニューカマー企業群のROE平均値を示した**図表3-5**から，ニューカマー企業群のROE平均が，2005年以降，全体的に低い水準にあることがわかります。そして2010年以降はすべての株式市場で，ROE平均がマイナスになっています。これは純利益の平均がマイナスになっていることを示しており，近年のニューカマー上場企業のパフォーマンスが良くないことは明らかです。ヨーロッパの上場企業のROEをみる限りにおいては，単一通貨ユーロの導入後に企業のパフォーマンスや株主価値が増大したということはできません。

　ユーロ導入後に，ヨーロッパの主要な証券取引所の株式の時価総額が増大していることから「資本の自由な移動」は，ある程度，進んだといえるでしょう。しかしながら，「資本の自由な移動」や競争が促進された市場において，企業パフォーマンスの改善や健全な資本市場の形成には，必ずしも結びついていない現状を確認することができました。次項では具体的な企業の株主の構成についてみていきます。

4　株主構成

　ドイツ証券取引所，ユーロネクスト（パリ），ロンドン証券取引所で上場している企業の具体的な主要株主の構成をみていきましょう。

　主要な株主とその構成比率が分かれば，その企業の所有構造が分かるため，コーポレートガバナンスの特徴もみえてきます。その結果，企業の経営スタイルや戦略の基本的な方針も理解しやすくなるでしょう。

　例えば，主要な株主として政府や公的な機関が存在していれば，企業の経営方針や目的にも，政府の政策や公的な利害が反映される可能性が高くなります。企業にとっては，株主が特定でき，長期的かつ安定的に株が保有されるため，資本が安定し，長期的な経営方針を採用することができます。その一方で個人投資家の割合が多く，一人当たりの株式割合が低い状態であれば，不特定多数

第3章　企業の所有構造を調査しよう　　51

の株主の利害を調整し，さまざまな株主のニーズに短期的に応える必要が出て
くるでしょう。結果的には短期的に利益を上げ，常に株主価値を高めるような
経営方針が求められることが多いでしょう。
　上場企業としてそれぞれの証券取引所から，エネルギー，生活関連，自動車
など類似した業種から３社ずつを抽出し，比較分析を行います。

◆　ドイツ企業の株主構成

　図表3-6は，ドイツ証券取引所に上場する企業の中から抽出した企業の主
要株主構成です。ドイツテレコム，Siemens（シーメンス），フォルクスワー

図表3-6 ┃ ドイツ証券取引所上場企業の株主構成（2023年）

ドイツテレコム	シーメンス	フォルクスワーゲン
KfW Bankengruppe 16.60%	シーメンス従業員 9%	ポルシェ・オートモービル・ホールディング SE 53.3%
ドイツ通信・郵政省 13.80%	シーメンス家 6.45%	ニーダーザクセン州 20.0%
ドイツ政府 13.80%	シーメンス社 5.96%	Quatar Holding 17.0%
Softbank Corp 4.50%	von Siemens Vermögens-verwaltung GmbH 5%	
BridgewaterAssociates LP 0.47%	Werner Siemens-Stiftung 3.03%	
	Allianz SE 3%	
	カタール政府 2.98%	
	ノルウェー銀行 2.27%	
	BlackRock Fund Advisors 1.58%	

出所）Moody's社のデータベースOrbisより抽出したデータに基づき筆者作成

52 PART 1 ヨーロッパ企業の理解のための多様なアプローチ

ゲンを取り上げています。

　ドイツテレコムは国営企業であったことから，政府の持ち株比率が高いことがわかります。そして日本企業のソフトバンクも主要株主になっています。KfW Bankengruppeは，ドイツの国営の金融公庫です。

　電機メーカーとして，さまざまなITサービスを提供するシーメンスは，従業員をはじめ，自社に関連する機関が株式を保有しています。カタール政府やノルウェー銀行といった国家や公的な株主も存在しています。ノルウェー銀行はノルウェーの中央銀行でありながらシーメンス以外にも諸外国の多くの企業の株を保有しており，独自の国家財政システムを担っています。

　ドイツを代表するフォルクスワーゲンは，前述の2社と比べて，少数の株主によって支配されています。特にポルシェ・オートモービル・ホールディング（以下，ポルシェ社）は，最大株主で株式の過半数を占めています。現在，ポルシェ・ブランドはフォルクスワーゲンの傘下となっていますが，戦前より，ポルシェ社とフォルクスワーゲンの経営は密接に関連していました。そしてニーダーザクセン州という州政府も主要な株主となっているのです。これはフォルクスワーゲンの本社のある都市ヴォルフスブルクが，ニーダーザクセン州にあることと関連しています。そして州政府が株主であるために，州全体の経済発展や雇用政策がフォルクスワーゲンの経営にも反映されてきたのです。

　ドイツの元首相のシュレーダー氏は，ニーダーザクセン州の知事であったことから，彼の雇用政策にフォルクスワーゲンはコミットすることにもなりました。労働コストの安い外国に製造拠点を移す代わりに，ドイツ国内での労働生産性を向上させる取り組みを行いました。そのような雇用政策にもコミットしてきた伝統は，フォルクスワーゲンの雇用者数が他のヨーロッパ企業と比べて，かなり多いことからもわかります（第1章の**図表1-1**を参照）。

　フォルクスワーゲンのコーポレートガバナンスは，労働者代表が経営に参加する共同決定システム下で労働者の利害だけを重視するのでなく，地域経済や政府の利害，すなわちステークホルダーの利害のバランスを考慮する必要があることが，株主の構成からもわかります。

第3章　企業の所有構造を調査しよう　53

◆　**フランス企業の株主構成**

　図表3-7はユーロネクスト（パリ）から抽出した上場企業の株主構成を示しています。前述のトタルエナジーズとルノーに加えてDanone（ダノン）を抽出しました。ダノンは，日本市場でもヨーグルトなどの商品を販売している食品企業です。3社で共通する株主構成の特徴としては，企業自体や従業員が株を持っていること，機関投資家が，一定数存在していることも挙げられますが，やはり公的機関が3社とも最大株主になっていることでしょう。公的機関に関する具体的な情報は，データベースには掲載されていませんが，ユーロネクスト（パリ）の上場企業であることからフランスのコーポレートガバナンスの特徴を反映していることが予想できます。それは，前述の「エリートと官僚主導による経営スタイル」あるいは「政治とビジネスが一体となったシステム」のことです。株主と経営者が同じ目標を掲げてビジネスを行うためには，

図表3-7 ▎ ユーロネクスト（パリ）上場企業の株主構成（2023年）

トタルエナジーズ	ダノン	ルノー
公的機関　　　　　　66.5%	公的機関　　　　　　50%	公的機関　　　　　　40%
トタルエナジーズ 株主投資信託　　　　　　7.3%	ダノン社　　　　　　6.38%	Agence des Participations de l'Etat（国家株主機関）　　　　　　25%
ゴールドマン・サックス・グループ INC　　　　　6.13%	Artisan Partners　　　　　　5.9%	日産自動車　　　　　　15%
トタルエナジーズ 従業員　　　　　　4.1%	Citigroup Global Markets　　　　　　5.51%	ルノー従業員　　　　　　4.7%
BlackRock INC　　　　　　5.31%	Massachusetts Finacial Services Company　　　　　　5.5%	メリルリンチ・インターナショナル　　　　　　4.35%
ノルウェー銀行　　　　　　3.3%	Amundi Asset Management　　　　　　4.1%	ノルウェー銀行　　　　　　0.94%

出所）Moody's社のデータベースOsirisより抽出したデータに基づき筆者作成

54　PART 1　ヨーロッパ企業の理解のための多様なアプローチ

フランスのコーポレートガバナンスは理想であるかもしれません。しかしながらその一方で，政府関係者の株主とエリート経営者によるサークルが形成されている状態では，外部からの監視が十分には機能しないのは自明です。

　図表3-7 には，ゴールドマン・サックス，Citiグループ，メリルリンチというアメリカの巨大投資銀行のグループ会社が名を連ねています。このような有力な機関投資家が存在することで，企業の監視機能の効率化が求められています。図表3-7で示した株主構成は，フランスのコーポレートガバナンスの発展状況を示しているといえるでしょう。

◆　イギリス企業の株主構成

　図表3-8はロンドン証券取引所に上場する企業3社の株主構成を示しています。先述のBPとユニリーバに加えて，Rolls-Royces（ロールス・ロイス社）を，ドイツ，フランスの自動車メーカーと比較するために抽出しています。BPですが，アメリカのJPMorgan Chase銀行が最大株主となっています。それ以外にはノルウェー銀行のみを記載していますが，他の株主データも存在します。しかしながら個人の株主に関しては，0.01％以下の株式保有という情報のみが示され，具体的な数値が示されておらず，機関投資家に関しては，株式比率の情報が示されておらず，非常に低い株式比率であることが予想されます。

　そしてBPとユニリーバ，ロールス・ロイス社に共通する株式構造としては，イギリスの公的機関の株主がほとんど存在しないということです。そしてドイツやフランスの同業の上場企業と比較して，主要株主の持ち株比率が低い点が挙げられます。まさにこの2点がイギリスのコーポレートガバナンスの特徴である，「一個人に決定権が集中しない状況」を反映していると言えます。資本市場を通じて，不特定多数の株主から資金を調達している状況がみてとれます。

　これは本来の公開会社のコーポレートガバナンスの特徴である一方で，株主間の利害の調整が極めて困難になることも事実です。要するに，企業としては，豊富な資本を集めて，不特定多数の株主の利害に応えるために，短期的な計画に基づき，継続的に利益を出し，株主価値を常に高めることが求められます。

第3章　企業の所有構造を調査しよう　55

図表3-8 ┃ ロンドン証券取引所上場企業の株主構成（2023年）

BP	ユニリーバ	ロールス・ロイス社
JPMorgan Chase Bank 22.59%	BlackRock Fund Advisors 4.37%	Capital Group Companies 8.69%
ノルウェー銀行 2.97%	BlackRock Investment Management 3.90%	Causeway Capital Management 6.98%
	Bank of America Corporation 1.92%	Harris Associates LP 4.99%
	The Leverhulme Trust Group 3.64%	Massachusetts Financial Services Co. 4.94%
	Nelson Peltz 1.48%	Ruane Cunniff & Goldfarb LP 2.75%

出所）Moody's社のデータベースOsirisより抽出したデータに基づき筆者作成

　それぞれの株式市場における上場企業の株主構成の特徴をみてきました。改めて3つの株式市場を比較すると，ドイツの上場企業は，資本の集中度や公的株主の割合の観点から，フランスとイギリスの中間に位置しているのではないでしょうか。そして，創業者の家族の関係が株主構成にも反映されていることから，ドイツの有限会社や共同決定システムという伝統も株式構造には影響を与えているようにも解釈できます。このようにヨーロッパ企業のコーポレートガバナンスにも，それぞれの国の制度や歴史が関係しています。市場統合による資本の自由な移動は進んでいく一方で，ヨーロッパ企業が，同様の資本構造によって経営を行うまでには至っていないことがわかりました。

ケースに学ぶ

BPによる2つの大惨事

　スーパーメジャーのBPは2005年にアメリカのテキサスシティに所有する石油精製所において爆発を起こし，15人の死亡者と180人以上の負傷者を出した。アメリカ当局は当時の最高額の21.3百万ドルの罰金を命じた。その後，さらにBPの安全向上の行使の失策に対して87.4百万ドルの罰金を科した。事故当時，最高責任者のBrowne氏はテキサスシティに2度しか訪れたことがなく，他の精製所と事故を起こした精製所には差異は感じられず，通常通りの操業状態であるという印象を持ったと主張した。Browne氏は，現地の従業員が心配しているとサーベイに回答したことに不安を感じたことや安全基準を低下させるような企業全体での費用削減への責任を認めた上で「BPを他社との競争に打ち勝ち，企業経営に秩序をもたらすためには費用削減は必要だった」と話した。

　2010年には，メキシコ湾の水深1マイルの場所でBPのMacondo Field 掘削装置の上部装置 Deepwater Horizonが破裂した。11人が死亡し，87日間，400万バレルの原油が海中に流れたままになり，歴史上，最悪の環境破壊の1つに数えられた。安全管理へのコストが削減されている記録に批判が起こり，その後，長く続く企業の汚名となった。さらにアメリカ政府，近隣住民，パートナー会社，労働者などのステークホルダーへの考慮がないことも指摘された。現地で掘削を行うパートナー会社が，安全コストを削減していたことや，不十分な操業体制を許可し，掘削事業の環境への影響を適切に考慮していなかった規制当局とのなれあいの関係が浮き彫りとなった。年金基金や保険会社，銀行を含む株主は，株価の暴落により大量の資金が消えていくのを傍観することになった。そしてBPは，損害賠償金を支払うために200億ドルの資産を売却することを余儀なくされた。

　BPの2つの事故からグローバル企業の責任の重さが分かる。2005年の事故の時点で，安全管理への対策が徹底されていれば，2010年の事故は防げた可能性はないだろうか。

Somo教授のTutorial

エージェンシー理論

Jeanne ：コーポレートガバナンスにも国による違いがあるのは理解できましたが，コーポレートガバナンスにもさまざまな理論はありますか？

Somo教授：コーポレートガバナンスは企業経営や資本市場と関連するテーマであるため関心が高い一方で，現代社会における企業の株式構造が複雑なことで，さまざまな議論が展開されています。本文の中で紹介したイギリスやフランスのコーポレートガバナンスに関する議論は，株主の価値を優先したために起こった企業の不祥事が，社会問題となった2000年代以降のものです。それ以前に受け入れられていた理論にエージェンシー理論があります。

Jeanne ：企業の不祥事が起こる前まで支持された価値観ということですね。

Somo教授：そうですね。1960年代に起こったM＆Aブームの後，1970年代には企業業績や株価が下落しました。その原因をエージェンシー理論は上手く説明しました。エージェンシー理論では，株主をプリンシパル（依頼人），経営者をエージェント（代理人）と考えます。そして企業に関する情報をより多く持っている経営者に裁量の余地があり，株主に損害を与える（＝エージェンシー・コストが発生する）ことで企業価値も減少すると捉えています。そしてエージェンシー・コストを最小限に抑えるために，プリンシパル（株主）にとって望ましい行動をエージェント（経営者）が選択するようにいかにインセンティブ（誘因）を与えるかを論じるのがエージェンシー理論です。

Jeanne ：エージェントの方が，情報が多い分，契約では有利ということですね。

Somo教授：そうです。経営者による株主価値を伴わないようなM＆A戦略を阻止するためにも，敵対的買収などの脅威により経営者に株主価値を常に意識するインセンティブを与えたのです。ただその脅威が大きすぎたことで，かえって1990年代以降の経営者の不祥事を招いたとも考えられるのです。

ヨーロッパの街角で

Zürich
（チューリッヒ）

　スイスのチューリッヒには，2003年と2012年の2回，訪れた。1度目は大学間協定の仕事，2度目は学会での報告のためで，どちらもチューリッヒ大学にお世話になった。チューリッヒといえば，世界の金融センターとして有名である。保険大手のチューリッヒやUBSの本社はチューリッヒにある。

　訪れる前は，なんとなくロンドンの金融センターである"CITY"のような高層ビル街をメージしていた。しかし私の最初のチューリッヒの印象を一言で表すと，「美しい水の都」だ。中世の街並みを覆うように大きなチューリッヒ湖があり，その湖から水路を通して綺麗な水が街に流れ込んでいた。街中では，ビジネスマン，観光客，学生，そして地元の人々が，全く違った人生を送っているように見えたのも私には魅力的に映り，チューリッヒのファンになった。

　そして9年後に再訪するチャンスが巡ってきた時は，周到に準備をして臨んだ。まず日本からドイツに行き，友人宅に泊めてもらった。そして日本から持って来たロードバイクと共に鉄道でドイツとスイスの国境を越えた。学会が終わった次の日，ロードバイクでチューリッヒ湖の周りを走った。途中，教会を訪れたり，ビーチにあるフードスタンドに立ち寄った。ヨーロッパの鉄道は，自転車の持ち込みが可能で，鉄道を利用した自転車ツアーもポピュラーである。金融の街チューリッヒの2度目の訪問では，お金はかなりかかったが，お金だけでなく，心も融けていくような体験ができた。

チューリッヒ湖と街並み

本章のまとめ

　コーポレートガバナンスはドイツ，フランス，イギリスの間で違いがあります。単一通貨導入後のEUの主要な株式市場での企業のパフォーマンスの分析の結果，株主資本比率は高まっておらず，株主資本利益率（ROE）は低下傾向にあることが示されています。大企業の株式構造は，それぞれの国のコーポレートガバナンスの特徴を反映しており，フランスでは公的機関が主要な株主であり，イギリスでは不特定多数の株主が存在します。

参考文献

江川雅子　『現代コーポレートガバナンス―戦略・制度・市場』日本経済新聞出版社 2018年11月.

漆畑春彦　「第6章　金融規制改革とイギリスのコーポレートガバナンス議論」　証券経営研究会編『変貌する金融と証券業』公益財団法人日本証券経済研究所2018年4月.

久保広正・海道ノブチカ編『EU経済の進展と企業・経営』勁草書房2013年2月.

公益財団法人日本証券経済研究所編『図説 ヨーロッパの証券市場2020年版』2020年6月.

高橋俊夫編　『コーポレート・ガバナンスの国際比較―米，英，独，仏，日の企業と経営』中央経済社　2006年3月.

深尾光洋・森田泰子『企業ガバナンス構造の国際比較』日本経済新聞社　1997年5月.

Bloomfield Stephen（2013）"Theory and Practice of Corporate Governance-An Integrated Approach" Cambridge University Press.

第4章 M&Aは企業に何を もたらすのか？

―経営分析ツールを用いた企業買収・売却の効果―

EU域内における企業の合併・買収（M&A）の状況とM&A戦略の効果について学習します。そして企業分析ツールであるSWOT分析とPPM分析について学習し，それらの分析方法を応用して，M&Aを行う企業の目的について考えます。

1 M&Aとその効果

M&Aは，一般的に企業のMergers（合併）と Acquisitions（買収）を意味します。企業の提携のパターンの中で，資本提携を行う場合が，M&Aに該当します。合併や買収以外に合弁会社設立や資本参加を伴う業務提携を含む場合もあります。資本の提携を伴わない技術協力や共同開発などの業務提携はM&Aには該当しません。

◆ EU域内のM&A

図表4-1は，2000年から2022年のEU域内におけるM&Aの件数と取引額上位100件の取引総額の推移を示しています。EU域内のM&Aとは，売り手と買い手の両方がEU加盟国であることを意味します。データベースの制約上，2020年にEUを離脱したイギリス企業に関するM&Aは，2020年以前のデータにも反映されていません。単一通貨ユーロ導入直後の2000年から2006年まではM&Aの件数が非常に伸びていることがわかります。その後は多少減少し，横ばいとなっていますが，2015年頃から再び増加傾向がみられます。

上位100件のM&A取引総額も，期間中の増減はありますが，上昇傾向にあると言えます。そして2000年に1,310件だったM&Aの件数が，わずか4年で，

第4章 Ｍ＆Ａは企業に何をもたらすのか？

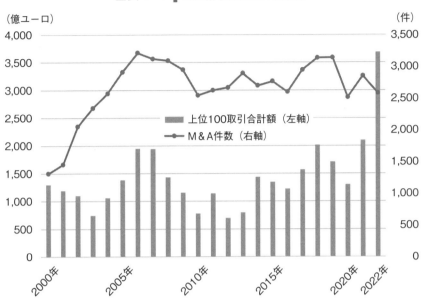

図表4－1 ▎EU域内のＭ＆Ａの推移

出所）Moody's社のデータベースZephyrから抽出したデータに基づき筆者作成

ほぼ2倍になっていることからも，市場統合により企業のＭ＆Ａが促進されたと考えるべきでしょう。

　第2章でも解説したように，経営効率の高い多国籍企業は，海外子会社数が多くなる傾向にあります。国境を越えて企業グループを形成することは，多国籍企業にとってグローバル市場で競争力を高めるための重要な戦略の1つです。市場統合のプロセスで「人，もの，サービス，資本」と同様に企業もEU域内を自由に移動できるようになったはずです。つまり国境を越えたＭ＆Ａ（クロスボーダーＭ＆Ａ）は，以前よりも容易な経営手段となってきました。もし2000年以降のEU域内で，クロスボーダーＭ＆Ａが行われやすい状況が創造されたのであれば，多国籍企業は，その機会を積極的に利用するはずです。

◆　EU域内のクロスボーダーＭ＆Ａ

　図表4－2は，EU域内でのクロスボーダーＭ＆Ａ件数とＭ＆Ａ全体に占める

クロスボーダーM＆Aの割合を示しています。まずクロスボーダーM＆Aの件数は，期間中に増減があるものの，全期間を通じてみると，増加傾向にあることが分かります。2000年に330件であったのが，2022年には581件となっています。しかし，M＆A全体に占めるクロスボーダーM＆Aの割合であるクロスボーダー率は，2000年が最も高く，その後低下し，2013年以降には上昇の傾向がみられますが，2000年の水準には達していません。先ほどの**図表4-1**でのEU域内でのM＆Aの伸び率と比較すると，クロスボーダーM＆Aの伸び率は，同程度であることがわかります。以上のデータから，単一通貨導入後に，EU域内におけるクロスボーダーM＆Aを行うハードルが，十分に下がったとはいえないでしょう。

その一方で，多国籍企業の選択肢としてクロスボーダーM＆Aよりも，他のEU加盟国との貿易を増やしたり，他のEU加盟国からの従業員を増加させることで，クロスボーダーM＆Aよりも大きな収益を，市場統合やIT化がもたら

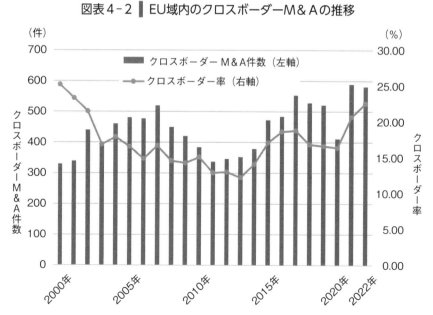

図表4-2 ┃ EU域内のクロスボーダーM＆Aの推移

出所）Moody's社のデータベースZephyrから抽出したデータに基づき筆者作成

第4章　M＆Aは企業に何をもたらすのか？　63

した可能性があります。例えば，クロスボーダーM＆Aによってもたらされる
効果が不透明であったり，失敗の可能性がある場合は，よりリスクの少ない貿
易や外国人労働者の雇用の方が，EU域内の企業にとって合理的な選択になる
でしょう。

◆　M＆Aの手法と目的

　それではM＆Aを行うための具体的な手法についてみていきましょう。合併
は2つ以上の会社を1つに統合する取引で，大きく分けて吸収合併と新設合併
があります。吸収合併は，すでにある会社に，合併の対象となる会社を統合す
る手法です。吸収する会社は存続会社として，吸収され消滅する会社の資産や
負債，権利義務を全て引き受ける必要があります。新設合併とは，統合する2
社以上の会社は消滅し，新たに設立される会社が，資産や負債，権利義務など
を引き継ぐ取引を指します。

　買収の方法には大きく分けて，株式取得，事業譲渡，会社分割の3つの方法
があります。株式取得の方法には，さらに株式譲渡や第三者割当増資，株式交
換，株式移転などさまざまな手法があり，株式の操作によって企業間で買収が
成立します。合併との大きな違いは，買収によっては，消滅する会社がない点
です。買収される会社（売り手）の主要株主つまり所有者は，買収する会社
（買い手）になりますが，売り手の会社自体は存続するのです。それではM＆
Aの目的やメリットについてみていきましょう。

　M＆Aの目的は産業や企業間の関係によってさまざまです。そして売り手と
買い手では，その目的は当然，異なります。売り手の目的を一言で述べると，
「現状経営の継続が困難である状況の打開」です。何らかの理由で経営困難に
陥っていたり，将来的に成長が見込めず，新たな投資を行うこともできない状
況が，売り手にはあることが多く，倒産や債務超過を回避する手段としてM＆
Aを選択します。具体的には後継者問題の解消，従業員の安定雇用の確保，廃
業コストの削減などを期待していますが，必ずしもそれらが達成される訳では
なく，買い手の利害や目的との調整が必要です。買い手は，更なる競争力や市
場支配力を付けるために買収を行います。特に多角化経営を行う企業にとって
買収は，魅力的な選択の1つです。また多国籍企業にとっては，海外直接投資

64   PART 1　ヨーロッパ企業の理解のための多様なアプローチ

の１つの手段としてM＆Aを捉えることができます。

　それでは，買い手の目的やメリットを，新規事業への参入コストの削減，ブランド力・ノウハウ継承の可能性，効率性向上の可能性の３つに分けて，それらの留意点を踏まえながら，説明していきます。

・新規事業への参入コストの削減

　企業が，新規事業へ参入する場合には，さまざまなコストがかかります。新しく会社や事業所を設立するコストだけでなく，参入する事業で経験のある従業員のリクルートや既存従業員の再訓練，そして新たなビジネスに関する情報の収集などです。買い手は，参入する事業ですでに操業している売り手を買収することで，このようなコストを大いに削減できる可能性があります。さらに売り手の企業にしかない経験や知識もまとめて入手することができるでしょう。買収の目的が参入にかかる直接的なコスト削減の効果よりも，売り手の企業しか持っていない経営資源を取得することで間接的にコストを削減する方が，買収の主要な目的となっていることもあります。

・ブランド力・ノウハウ継承の可能性

　買い手は，売り手の持っている経営資源を継承するだけでなく，測定することが出来ず，習得のプロセスが明確でないようなブランド力やノウハウを継承できるというメリットを持っています。売り手である企業が時間をかけ，試行錯誤して培った技術やビジネスモデルを買い手は継承できる可能性があります。その一方で，売り手の企業が抱えていた経営上の問題，トラブルや不祥事によるブランド力の低下なども引き継ぐ場合もあります。そのような場合は，売り手のブランド名や社名を変更することもあります。売り手の企業の売却の目的として，「経営の継続が困難な状況を打開すること」と述べましたが，売り手の抱える経営上の問題を相殺するに足るブランド力やノウハウが備わっているかの判断は，買い手にとって容易ではないことが推測できます。

・経営効率向上の可能性

　買い手である企業は，どのような方法で経営効率を高めることができるので

しょうか。先ほど述べたように，売り手の企業には，経営上の問題が浮上している場合があります。それは結果的には経営効率が悪いということに他なりません。売り手企業が，買い手企業よりも効率的な経営をしている場合は，買い手の経営効率の向上は，容易に実現できるでしょうが，そうでない場合も当然起こってきます。

　これ以外にもM＆Aによるメリットはさまざまですが，やはりM＆Aを行う企業間の関係や状況に応じて，メリットや目的も異なります。さらに売り手や買い手はM＆Aに際して，株主やメディアに対して，メリットを強調して説明することが多いため，M＆Aの実際の目的が明確でない場合もあることを知っておくべきでしょう。

2　シナジー効果と規模の経済性

◆　シナジー効果

　シナジー効果とは，経営資源を共有することで，さまざまな経済活動が補完的に機能し，個別の経営資源がもたらすよりも大きな収益率が，達成される相乗効果のことです。$1+1=2+a$ という式がシナジー効果を直感的に説明する際に用いられます。2社が合同した結果，2社以上の成果をもたらすとして解釈されますが，数式としても正確ではありませんし，海外では'$+a$'（プラスアルファ）という表現は，あまり使われないようですので注意しましょう。

　シナジー効果は，販売，製造，開発，経営などさまざまな企業活動を通じて，観察されるでしょう。売り手の経営効率が買い手よりも劣っている状態であっても，M＆Aにより経営資源を共有することで，シナジー効果が作用すると，買い手の経営効率が上昇する可能性があります。例えば，買い手のA社は年間2万個の商品を販売しています。売り手のB社は年間1万個の販売実績しかありません。しかしA社がB社を買収し，B社の販売店でもA社の製品を販売し，A社の販売店でもB社の商品を販売することで合計4万個の販売実績となるこ

66　PART 1　ヨーロッパ企業の理解のための多様なアプローチ

とができれば，販売シナジーが作用したことになります。

　別の例としては，買い手であるＣ社のノウハウと売り手であるＤ社のノウハウを合わせることで製品の開発が行われ，新しい商品が誕生することがあります。この場合は，それぞれの会社の個々の開発チームでは，新商品はできず，０であった生産量は，２社の開発チームが統合され，情報が共有されることで新しい製品が生まれ，10や20，さらに100といった生産量につながることもあります。このように新商品や新たな企業価値やビジネスモデルを作り出すことが，Ｍ＆Ａの目的となることもあり，事前にＭ＆Ａが成功するかどうかを判断することが困難な理由にもなっています。

　図表４-２で2000年以降，クロスボーダーＭ＆Ａが，理論上はもっと伸びている可能性について言及しましたが，シナジー効果という事前には測定困難な効果によってＭ＆Ａの結果を推測せねばならないことが，たとえ市場統合が進んだとしても，EU域内でクロスボーダーＭ＆Ａが伸びない理由かもしれません。

◆　規模の経済性

　規模の経済性とは，生産量が大きくなると，１単位当たりの費用（平均費用）が減少する性質を意味します。そのメカニズムを，**図表４-３**を用いて説明します。

　一般的な総費用は，定数付きの二次関数で表現できます。例えばＣ（Ｑ）＝$Q^2+6Q+10$（Ｑは生産量）で表されるとしましょう。この場合，生産量が１の時は，費用は17で，生産量が２の時は，費用は26です。これは生産量よりも早いスピードで費用が増え，生産量が０であっても固定費用10がかかってしまう状況です。このような状況では，１単位当たりの費用（平均費用）は，$\dfrac{Q^2+6Q+10}{Q}=Q+6+\dfrac{10}{Q}$となります。この式を表しているのが，**図表４-３**に描かれた下に凸状のグラフです。このグラフで，生産量がQXからQYに増えた場合，平均費用は，ACXからACYに減少していることがわかります。このような状態を「規模の経済性」が存在しているといいます。つまり生産量を増やすことで生産効率が上昇する状態です。その一方で生産量がQYからQZに

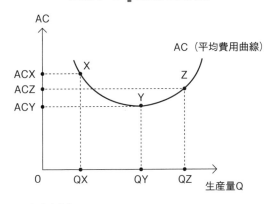

出所）筆者作成

増加しても，平均費用は，減少しておらず，「規模の経済性」は存在しないということになります。

　この「規模の経済性」がM＆Aの目的やメリットにも関係します。買い手と売り手が同業であり，同じようなサービスや財を提供しているとしましょう。買い手と売り手がそれぞれ別に生産している時の1企業の生産量よりも，統合して生産している時の1企業の生産量は多くなります。この場合，「規模の経済性」が存在すると，1単位当たりの生産コストが下がり，効率的になるということです。

　その理由は固定費用の存在にあります。2社が別々に生産する場合は，固定費用である設備や工場は，別々に必要となりますが，企業が統合すると共通の設備や工場を使うことができます。

　以上の理由から買い手と売り手の効率性の違いや優劣に関係なく，「規模の経済性」が存在する場合は，買い手の効率性が上昇するのです。注意しなくてはいけないのは，企業が統合し，生産量が増えると常に「規模の経済性」が働くというわけではないということです。先ほどの図表4-3で生産量がQYからQZに増えたときは，生産量が増えても1単位当たりの費用は，下がっていませんでした。M＆Aにおいても生産量や設備を調整することで，「規模の経済性」が働く状況をみつける必要があるといえます。

68　PART 1　ヨーロッパ企業の理解のための多様なアプローチ

ヨーロッパ企業においてもM＆Aは活発に行われていますが，特にエネルギーやインフラ産業などの巨額の設備投資が必要な産業でのM＆Aが目立っています。これらの産業では「規模の経済性」が働きやすいということも，M＆Aに影響していると考えられます。つまり固定費用の部分が大きいため，生産量を増やした時に，1単位当たりの費用が減少する領域が大きい産業構造であることが影響しています。

その状況を，**図表4-3**を用いて解釈すると，「エネルギーやインフラ産業では，QXからQYの部分の幅が，他の産業に比べて広く，『規模の経済性』が働く生産量の部分が大きい」となります。このように「規模の経済性」は，シナジー効果より事前に測定することや調整することが可能であり，M＆Aを行うための十分な理由を与えています。

3　企業分析ツール＜SWOT分析とPPM分析＞

ヨーロッパ企業においてM＆Aが行われる理由とその効果について考えるために，企業分析ツールを紹介します。代表的な企業分析ツールであるSWOT分析とPPM分析です。これらの分析ツールを用いて，M＆Aの目的や効果の検証だけでなく，企業の経営状況を把握したり，将来の企業収益の予測やコンサルティング業務への応用について学んでいきましょう。

◆　SWOT分析

SWOT分析とは，企業が内部に保有する経営資源を「内部環境」と捉え，その内部環境に関して，強み（Strength）と弱み（Weakness）を抽出します。さらに企業を取り巻く諸要因を「外部環境」と捉え，それらを機会（Opportunity）と脅威（Threat）に分類することで経営戦略を分析する手法です。以上の4つの環境要因の英語の頭文字を取って'SWOT'（スウォット）分析と呼ばれています。「内部環境」には，さまざまなものが考えられますが，特に人材，財務，製造力，情報に関する企業の状況や特徴などが挙げられます。

第4章　Ｍ＆Ａは企業に何をもたらすのか？　　69

　例えば，「技術力に優れた人材が多い」場合は人材が「強み」になります。
「旧型の生産設備を使っていて生産効率が良くない」場合は，製造力は「弱み」
として抽出されます。近年，IT技術の進展に伴い，企業全体の情報管理シス
テムの再構築が重要になってきていますが，企業の情報システムを「強み」と
して抽出するのか，「弱み」として抽出するのかは，企業の戦略を大きく左右
することになるのではないでしょうか。
　「外部環境」については，時代や地域，産業ごとに大きく変化します。一般
的には政治動向，世界経済，法制度，外交，自然環境，文化などが「外部環
境」に相当しますが，それらの効果や影響は，企業ごとに違うため，「機会」
もしくは「脅威」となるかの判断は企業によって異なるでしょう。
　例えば，2020年に世界で蔓延した新型コロナウイルス（COVID-19）は，ほ
とんどの地域や企業にとって，「脅威」として認識されました。実際に消費水
準は落ち込み，世界経済は混乱しました。ところが，COVID-19のワクチン開
発を手掛けた製薬会社にとってはどうでしょうか。ワクチンの開発に成功した
企業にとっては，COVID-19の蔓延は「機会」として捉えられたはずです。
　このようにSWOT分析では，客観的に企業の現状を捉えることから出発す
る必要があります。

・フォルクスワーゲンのSWOT分析
　それでは具体的なヨーロッパ企業を例として，SWOT分析をしてみましょ
う。図表4-4は，フォルクスワーゲンのSWOT分析の一例です。2022年の売
上高はドイツで1位，ヨーロッパ企業では2位でした。自動車生産台数もトヨ
タに次いで2位です。また2022年のForbesのリストでは，世界ベスト従業員
の44位にランクインしています。また世界124の地域に生産拠点を持っていま
す。そしてMicrosoftやAmazon，Siemensのようなリーディングカンパニーと
のパートナー関係も構築しています。これらはフォルクスワーゲンの強みとい
えます。
　その一方で，2015年に排出ガスに関する不正が発覚しました。ディーゼルエ
ンジン車の排出ガスを不正に測定し，基準を満たしているように虚偽の報告を
していたのです。この不正によって世界中でフォルクスワーゲン車のリコール

70   PART 1   ヨーロッパ企業の理解のための多様なアプローチ

図表4-4 ┃ フォルクスワーゲンのSWOT分析

	プラス要因	マイナス要因
内部環境	強み（Strength） ・高いブランド認知度 ・安定的な財務力 ・質の高い労働力 ・豊富な商品ライン ・グローバルな生産ライン ・Microsoft，Amazonとのパートナーシップ	弱み（Weakness） ・排出ガスのスキャンダルによる悪評 ・レンタカー，カーシェアへの未参入 ・欧州以外での弱いマーケティング
外部環境	機会（Opportunity） ・ミレニアム世代，Z世代の自動車購入以外の，さまざまな移動手段，移動方法の志向 ・エコ・カーの需要増 ・新興国での自動車需要増	脅威（Threat） ・環境への配慮規制の強化 ・TeslaやUberなど新規参入企業との競争激化 ・アメリカとの貿易再交渉

出所）Business Strategy Hub社のデータ分析を参考に，筆者作成

や，賠償請求があり，300億ユーロ以上の違約金が支払われたといわれています。この不正によってフォルクスワーゲンのイメージは現在も完全には回復していないといわれています。これは長年培ったブランド力を低下させ，消費者からの信用を失うことから弱みとして認識されるべきです。

◆　SWOTクロス分析

　SWOT分析の手法はこれだけでありません。**図表4-4**は，フォルクスワーゲンの過去のデータや現状を客観的に分析した内容を分類したものでした。これらの環境と要因を組み合わせることでフォルクスワーゲンの取るべき戦略や将来のビジネスモデルを予想し，提言することも可能です。そのような分析手法はSWOTクロス分析と呼ばれています。

　図表4-5はSWOTクロス分析で用いられる戦略の例を内部・外部環境の組合わせにより4つに区切って示しています。強み（S）と機会（O）をクロスさせたS－O戦略は，積極的にビジネスを拡大する戦略となります。これはすでに取っている戦略やビジネスモデルをさらに拡大することを意味しています。企業にとっては強みを活かして，機会を活用することは当然のことであるため，

S-O戦略は特に新規のビジネスや企業の刷新を実施することではなく，既存のビジネスを継続・発展させる戦略となります。

その逆もまた真なりで，弱み（W）と脅威（T）を組み合わせたW-T戦略を提言するのはかなり困難です。一般的には消極的な戦略となり，多角化を行っている企業にとっては，その部門の閉鎖やビジネスの打ち切りを考える必要があります。

興味深いのは，強み（S）と脅威（T）を組み合わせたS-T戦略や，弱み（W）と機会（O）を組み合わせたW-O戦略の策定ではないでしょうか。これらの戦略は現状では不可能であっても，計画的に準備することで将来的には可能になるような戦略が含まれます。例えば他の経営資源を増やすことで弱みを補ったり，脅威の一部をチャンスに変えるように企業の強みをさらに強化することで達成できる戦略です。段階的改善戦略や差別化戦略などがS-T戦略，W-O戦略の例として挙げられますが，これらの戦略は企業の状況によってさまざまです。

図表4-5 ▎SWOTクロス分析

	機会（O）	脅威（T）
強み（S）	積極的拡大・攻勢戦略	差別化戦略
弱み（W）	段階的改善戦略	専守防衛または撤退

出所・筆者作成

72　PART 1　ヨーロッパ企業の理解のための多様なアプローチ

・フォルクスワーゲンのSWOTクロス分析

　それでは具体的にSWOTクロス分析を行ってみましょう。**図表4-6**はフォルクスワーゲンのSWOTクロス分析の例です。先ほどの**図表4-4**のSWOT分析の表との違いを確認してください。内部環境や外部環境からいくつかの要素を抽出し，それらの要因を組み合わせることで，潜在的な需要を捉えた新たなビジネスの展開の可能性を示しています。

　まずはS-O戦略ですが，やはり現在のフォルクスワーゲンの強みとZ世代の自動車購入の低下という機会を考えると，カーシェアやレンタカー市場への参入に際して新たなブランドを立ち上げることが1つの有効な戦略ではないでしょうか。

　W-O戦略では，短期的かつ直接的な効果があるとはいえませんが，ヨーロッパの若い旅行者にフォルクスワーゲンのロゴ入りの旅行グッズを配布し，フォルクスワーゲンのアンバサダーとしてアジアや南米，アフリカなどでスタイリッシュなイメージを浸透させていく戦略です。

　S-T戦略は，排気ガスのスキャンダルのイメージがあるために，財務の安定性を活かして，環境に配慮した新ブランドを立ち上げ，あえてフォルクスワーゲンのロゴやイメージを出さない戦略です。海外では大衆車のイメージが強かったトヨタが高級車レクサスのブランドを展開して成功した事例を参考に

図表4-6 ▏フォルクスワーゲンのSWOTクロス分析

外部環境 内部環境	機会（O） ミレニアム・Z世代の多様な 移動手段・方法	脅威（T） 環境への配慮規制の強化 新規参入企業との競争激化
強み（S） 高いブランド認知度 財務の安定性 優秀な労働者 豊富なランナップ	カーシェア・レンタカーに特化したVWブランドカーの開発・販売	スタイリッシュで小型のインターブランド・エコカーの市場への投入
弱み（W） 欧州以外でのマーケティングの弱さ	旅行会社とのコラボレーションによる若い海外旅行者へのグッズ販売	新規参入者との協力，技術提携，海外マーケティングチームの立ち上げ

出所）筆者作成

第4章　Ｍ＆Ａは企業に何をもたらすのか？　73

しています。

　そしてW－T戦略も可能な限り，積極的に考えてみました。新規参入者との提携や海外に特化したマーケティングチームを結成するという戦略です。このような戦略は容易ではありませんが，Ｍ＆Ａが，これらの戦略を行うための1つの有効な手段であることは明白です。Ｍ＆Ａを行う理由は，さまざまであると説明しましたが，このようにSWOTクロス分析を行うことで，その理由を特定化することもできるのではないでしょうか。

　図表4-6の戦略の策定は，2022年時点でのデータや事実に基づいているので，皆さんが，この表をみる頃には，すでに取られている戦略となっていたり，外部環境が変化したために，間違った戦略を記述しているかもしれないので，十分な注意が必要であることも付言しておきます。そして公開されていない情報を，フォルクスワーゲンが保持している場合も，将来の戦略は違ってくることはいうまでもありません。

◆　PPM（Product・Portfolio・Management）分析

　PPM分析とは，プロダクト・ポートフォリオ・マネジメントのことを表しており，多品種生産・販売もしくは複数の事業を行う企業が，経営資源の配分を効率的に行うための経営分析あるいは管理方法のことです。複合企業（コングロマリット）や企業の多角化やＭ＆Ａの分析に応用されています。市場成長率と相対的マーケットシェアという2つの指標によって，製品や事業部門を4つのカテゴリーに分類します。そのカテゴリーの組み合わせ（ポートフォリオ）を決定することで企業の経営の状況を把握し，将来の投資計画などの策定にも利用されます。

　相対的マーケットシェアとは，競争相手や競合他社に対して自社がどれぐらい有利か，あるいは不利なのかを測る尺度です。ある企業の相対的マーケットシェアが「1」より大きい数字であれば，その企業がトップであることを表します。逆に「1」未満の場合はその企業は2位以下であることを表します。相対的マーケットシェアの計算式は以下の通りです。

　シェアがトップの企業の場合：（自社のシェア）／（2位の企業のシェア）

　シェアが2位以下の企業の場合：（自社のシェア）／（1位の企業のシェア）

図表4-7　PPM分析における4つのカテゴリー

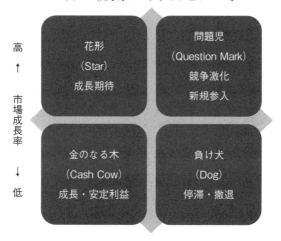

出所）筆者作成

図表4-7は，PPM分析で用いる商品や事業を4つに分類した名称を示しています。

それぞれの名称について解説します。

金のなる木（Cash Cow）

成熟期の事業で市場シェア，売上は高いが，市場成長率はもはや高くない。投資を最小限にとどめ，ここでの収益を他の事業（花形や問題児など）への資金源にする。

花形（Star）

成長期にあり市場シェアは高く競争力がある。シェア維持と成長のために投資を行い，将来の金のなる木を目指すが，激しい競争や新規参入に備える必要がある。

問題児（Question Mark）

成長期にあるが市場シェアは低い。早期に集中投資でシェア拡大を目指すか，

撤退を行うかの戦略の決定が必要。

負け犬（Dog）

　衰退期で市場シェアも成長率も低い。事業の売却，撤退により得た資金を他の事業に有効利用すべき。

　どの商品や事業が「花形」になるか「金のなる木」になるかは，企業の状況や産業構造に依存するため，厳密には常に同じ基準を用いて判断することはできません。目安として，市場成長率が10％以上であれば，「花形」か「問題児」に相当し，10％以下であれば「金のなる木」か「負け犬」に分類されます。そして相対的マーケットシェアが1以上であれば，「花形」か「金のなる木」，1以下であれば，「問題児」か「負け犬」となります。

　しかしこの基準は，業界でシェアがトップの財を製造している企業以外では，「問題児」か「負け犬」のみのポートフォリオとなり，中小企業や新規参入企業の分析として妥当ではありません。そのような点にも注意しながら，PPM分析を行う必要があります。それではヨーロッパ企業のPPM分析を行ってみましょう。

・ネスレのPPM分析

　次頁の**図表4-8**は，スイスの食品会社ネスレのPPM分析をまとめた図表です。

　図表4-8にあるネスレのPPM分析を行う際に，ネスレの2017年から2022年のセグメント別売上高，ネスレ商品が販売されている市場の規模と成長率，そして2022年での各市場でのネスレの順位とマーケットシェアを参考にしました。なお，食品産業全体の成長度や新型コロナウイルスの蔓延による世界的な消費の低迷などを考慮して，ポートフォリオを決定する市場成長率の基準値を10％ではなく，5％に設定しています。

　まず金のなる木に分類したのは，ネスレの代名詞でもあるコーヒーと朝食シリアルです。企業の売上に占める割合が最も大きく，市場シェアも高いのですが，成長率は低迷しています。典型的な金のなる木だといえるでしょう。ここで得られたキャッシュを花形や問題児に投資する戦略が見込まれます。冷凍食

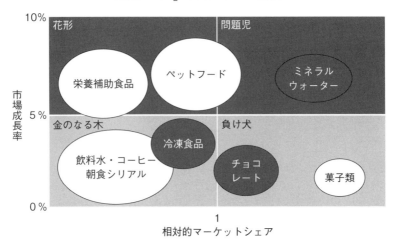

出所）Mordor Intelligenceのマーケット分析のデータとビューロ・バンダイク社のデータベースOsirisより抽出したデータに基づき筆者作成

品に関してはマーケットシェアがまだ高い商品が多く含まれておりますが，成長率は鈍化しています。

　続いて花形製品として栄養補助食品とペットフードを割り当てました。市場成長率と相対的マーケットシェアの両方が高く，売上高もコーヒーに次ぐ割合です。

　問題児にはミネラルウォーターが相当すると考えました。市場成長率は高いのですが，相対的マーケットシェアは低くなっています。ミネラルウォーターはその商品の特性上，差別化が難しい商品ではあるため，積極的な広告や販売促進などを行うことで花形になる可能性があるのではないでしょうか。

　そして負け犬に，チョコレートと菓子類を割り当てています。チョコレート（KitKatなど）の方は，相対的マーケットシェアは高く，売上高もキープされているのですが，菓子類（snack）は，成長率，マーケットシェア，売上高の観点から，典型的な負け犬に相当すると考えられます。菓子類（snack）から撤退し，そのキャッシュをミネラルウォーターに投資するという戦略を採用するのも可能ではないでしょうか。

以上のネスレのPPM分析では，客観的なデータを参考にはしていますが，全て同じ基準で分類したというわけではありません。例えば，ネスレのコーヒーには，インスタントコーヒー以外には，店頭で販売するコーヒー，コーヒーマシーンなどが含まれます。つまりネスレのコーヒー関連商品は，いくつかの市場にまたがって販売されていると解釈でき，その場合のネスレのコーヒーの市場成長率や相対的マーケットシェアを正確に求めるのはかなり困難です。

金のなる木の特徴が，企業の売上に最も貢献している一方で今後の成長は見込めない商品であるために，ネスレにおけるコーヒーの位置づけを総合的に判断した結果，金のなる木として示しています。その一方で，相対的マーケットシェアが高いため，冷凍食品を金のなる木として分類しましたが，売上高は少なく，成長率も高くありません。そのため，典型的な金のなる木ではないといえます。

◆　PPM分析によるM＆Aの効果の検証

それでは最後にネスレのPPM分析の結果を用いて，M＆Aの効果について考えてみましょう。PPM分析で花形となっているペットフード事業は，1985年にアメリカのCarnation（カーネーション社）を買収したことに端を発します。その後，1994年にアメリカのAlpo（アルポ社），1998年にイギリスのSpillers（スピラーズ社），2001年にはアメリカのRalston Purina（ラルストン・ピュリナ社），などのペットフード会社を次々と買収し，商品のブランド名も継承して，現在の地位を築きました。ミネラルウォーター（ヴィッテル，ペリエなど）やそれ以外の商品においても，ネスレは買収を繰り返して成長を遂げてきたのです。その一方でベビーフードや乳製品，チョコレート，そしてコーヒーはネスレ自身がオリジナルブランドを開発して発展させてきました。

ネスレのPPM分析から，創業以来のオリジナルブランドの商品群は，金のなる木や負け犬となる一方で，M＆Aによってブランドを継承している商品群は，市場が成長している商品群であることがわかります。M＆Aの目的の1つに新規市場への参入や，そのためのコストを削減することとありましたが，まさにネスレは，M＆Aを通じて，成長している市場に新たに参入しているとい

えるでしょう。

> **ケースに学ぶ**
>
> ### GlaxoSmithKline（グラクソ・スミスクライン）の差別化価格と競争阻害行為
>
> 　イギリスの製薬会社グラクソ・スミスクライン社（以下，GSK社）も，M＆Aを通じて多角化を行い，成長を遂げてきた企業である。日本でもその関連会社が商品を販売している。そのGSK社の子会社Glaxo Wellcome SAは，スペインの卸売り業者に対して他のEU諸国に製品を輸出しないことを要求する契約の条項を置いていた。それはスペインの国民健康当局がスペイン国内の医薬品価格を低く設定していたためである。Glaxo Wellcome SA社は，スペインの卸売り業者に国内販売用には安い価格を設定し，EU諸国に販売する場合には高く価格を設定し，スペインからイギリスへの並行輸入をさせないようにした。この行為がEU域内の競争を妨げる行為と見なされた。
>
> #### （判決1）
> 　2006年の総合裁判所（The General Court）の判決では，EU法の適用除外の余地を認めた。その理由は，スペインからの並行輸出が減るならば，EU諸国での最終消費者の厚生を低下させる一方で，製薬会社の研究開発費が増大し，長期的に消費者の厚生を増大させる技術革新につながる可能性があるとした。
>
> #### （判決2）
> 　2009年のEU司法裁判所（The Court of Justice）の判決では，EU競争法の目的が消費者厚生の保護だけでなく，市場構造および「競争それ自体」（経済的自由）を保護することであるとした。そして並行輸入を制限することは加盟国上に貿易の分断を復活させ，市場統合の妨げになると判断した。
>
> 　以上の異なった判決は，EUの市場統合プロセスとEU域内で事業を拡大した企業のビジネスとの不整合を示している可能性がある。GSK社にとっては，スペインから同社の製品がイギリスに輸入されることは，自社のイギリス国内でのビジネスの妨げになることは明らかである。それを未然に防ぐビジネスの実践が市場統合の名のもとに否定されたことになる。EU域内において制度が違う

地域が点在しているため，多国籍企業が，企業グループ全体の収益最大化を図り，グループとして一貫したビジネスを展開しているにも関わらず，EU法に抵触した事例として解釈できる。

━━ Somo教授のTutorial ━━

経済学と経営学

Jeanne ：M＆Aについて，経済学からのアプローチと経営学からのアプローチを学びましたが，そもそも経済学と経営学の違いって何ですか？

Somo教授：企業について議論するための学問としては，現代においては経済学と経営学の間には，それ程大きな差はありません。特にデータ処理や統計計算の技術が発達し，行動経済学という分野が経済学で重要な地位を占めるようになってからは，経営学と「企業の経済学」の研究領域はお互いに影響を与えています。

Jeanne ：それではヨーロッパ企業の勉強にはどちらが向いているのですか？

Somo教授：まず，経済学は企業以外にも消費者や政府などのさまざまな経済主体の行動が対象です。そして法律や制度，政策についても分析対象としています。抽象的になりますが，経済学は「限られた資源（予算）制約下で，経済主体がどのような行動を取るのかを分析し，その経済状況を研究する学問」といえるでしょう。一方，経営学は「経営者の観点から，どのように，効率よく組織を運営，管理するかを研究する学問」です。そして両学問には方法論にも別の特徴があります。伝統的な経済学は演繹法が主に用いられてきました。一方，経営学は帰納法を用いた分析が主流です。演繹法とは，一般的かつ抽象的な原理や法則から，より詳細な個々の具体的な事象を解釈する方法です。逆に帰納法は具体的な事象から，より一般的かつ広範囲に適用できる原理や法則を導いてくる方法です。経済学の理論である「規模の経済性」は企業の費用に固定費用が含まれれば必ず存在します。具体的な企業の費用から導かれたのではありません。一方で経営学の理論である「シナジー効果」は，さまざまな具体的な事例を観察することで発見されたといえるでしょう。

Jeanne ：経済学に数式が多いのは，演繹法を使っているからですか？

Somo教授：経済学では，経済状況や行動の帰結を論理的に推論するために数学を使うことがありますね。演繹法とは，その推論した理論的結論を具体的な経済状況の説明に使うことを意味します。「規模の経済性」とよく似た企業の特徴を示す「経験曲線」を使って説明します。

第4章　Ｍ＆Ａは企業に何をもたらすのか？　　81

　　「経験曲線」とは，同一製品の累積生産量が増えるに従って，一単
位当たりのコストが一定の割合で低下していくパターンを示した曲
線です。1960年代に米国ボストンコンサルティンググループによ
り多くの産業でみられる現象として報告されました。そして累積生
産量が２倍になった時に減少する単位コストの割合（習熟率）が当
時のデータで70〜80％であることを発見したのです。経験曲線が
観察される原因として，労働者の能率向上，作業の専門化と方法の
改善，新しい生産工程，技術革新，活用資源ミックスの変更，製品
の標準化，製品設計などが挙げられ，単純な学習効果ではなく，競
争市場における企業努力や雇用政策により達成されていると結論付
けられました。

　　さて経験曲線を導いた方法は，どちらだと思いますか？

Jeanne　　：帰納法ですか？

Somo教授：正解です。「経験曲線」は具体的なデータや実践から一般的な法則
　　　　　　が導かれていますね。生産量が増えるにつれて，一単位あたりのコ
　　　　　　ストが逓減している状況は，「規模の経済性」と同じ経済現象です
　　　　　　が，「経験曲線」では固定費用の存在は仮定されずに，さまざまな
　　　　　　産業のさまざまな企業を観察することで発見されているのです。

Jeanne　　：企業を分析する際にはどちらの理論も使えそうですね。

Somo教授：そうですね。現代の経済学，特に行動経済学や計量経済分析では，
　　　　　　具体的なデータを用いて一般的な理論を導く帰納法的な手法がよく
　　　　　　使われています。われわれが経済学や経営学の理論を勉強する場合
　　　　　　には，どのような方法で導かれたのかを確認することも大切です。

ヨーロッパの街角で

Mainz
（マインツ）

1992年，私の人生にとって記念すべき最初に訪れた外国の街がマインツだった。私はマインツ大学の語学研修に参加した。学生として訪れたマインツでの生活や体験が，その後，ヨーロッパを理解するための私にとっての基準となっている。それはスーパーでの買い物方法，郵便局員の対応，パンの種類と食べ方，バスの大きさ，路面電車の形，石畳の歩きにくさなどなど，日本にはなかった日常生活の中で見つけた最初のヨーロッパの姿だった。

世界史にも度々顔を出すマインツの歴史は長く，4世紀にはすでに大司教

マインツドーム

と呼ばれるカトリック世界の重鎮がマインツに来ている。街の中心には，千年以上前に建てられたゴシック様式のマインツ大聖堂がそびえており，そのすぐ近くをライン川が流れている。15世紀に活版印刷を発明したグーテンベルクが印刷所を設けたのもマインツだ。大聖堂と同じころに建てられたザンクトシュテファン教会にはシャガールのステンドグラスがあり，青い光で浮かび上がる教会の中は，幻想的な世界が広がっていた。

ドイツワインのボトル

甘くて芳醇なドイツワインを初めて飲んだのも，もちろんマインツだ。日本では手に入らないこのドイツワインを，ドイツに行く度にまとめ買いをして，友人にお裾分けするのが恒例となった。最初のマインツ訪問の際に，購入したパペットは，当時は誰かのお土産にするはずだったが，渡しそびれてしまったようで，今でも大学の研究室で私の仕事を見守っている。

本章のまとめ

　Ｍ＆Ａは現代の企業にとって重要な経営戦略であり，シナジー効果や規模の経済性による効率性の向上が期待されます。EUでの単一通貨導入後に，Ｍ＆Ａは伸びていますが，クロスボーダーＭ＆Ａはそれ程伸びておらず，Ｍ＆Ａの効果が事前には予測困難であることが影響していると推測できます。企業のデータを基にSWOTクロス分析やPPM分析を行うことで，Ｍ＆Ａの根拠づけや企業の将来取るべき戦略を提案することができます。

参考文献

Business Strategy Hub
　https://bstrategyhub.com/volkswagen-swot-analysis/
Mordor Intelligence
　https://www.mordorintelligence.com/market-analysis/food-beverage
庄司克宏（2015）『初めてのEU法』有斐閣　2015年12月.
庄司克宏（2014）『新EU法　政策篇』岩波書店　2014年10月.

第 **5** 章　イギリスはなぜEUを
　　　　　　離脱したのか？

―Brexitからみる労働市場と教育システムの比較―

　イギリスとドイツの労働市場と教育システムを比較することから，イギリスが，
EUを離脱した経緯と原因について考えます。そして，イギリスのEUからの離脱
（Brexit）のような地政学リスクに対応する企業行動について学習します。

1　Brexitの経緯

　2016年6月にイギリスでは，国民投票が行われ，EUを離脱することが決定
されました。EU離脱に賛成が51.9％，反対が48.1％というわずかの差でした。
当時のイギリス首相のキャメロン氏自身が，国民投票でEU離脱が多数を占め
るとは全く想像しておらず，失意の内に，イギリスのEUからの離脱（Brexit）
が決定されたことの責任から辞任しました。そして2020年1月にイギリスが
EUから離脱するまでの間，EUとの交渉は難航し，政治的な混乱を招いたので
す。では一体，キャメロン元首相の予想に反して，なぜ国民はBrexitに賛成し
たのでしょうか。さまざまな理由が報告されていますが，その中の1つである
移民問題を取り上げます。

◆　イギリスにおける移民問題

　イギリス統計局のデータによると，2004年にEUに新規加盟した中欧および
バルト地域の8カ国のみからの移民者合計数は，同年，16.7万人であったのに
対し，2012年には101.4万人に拡大しています。とくに増加が著しいのはポー
ランド人で，2004年当時，英国に住むポーランド人は6.9万人であったのに対し，
2012年には64.6万人になったことが報告されています。そして2016年時点では

すでに80万人を超えたと報告されています。人口分布として20代，30代の層が多いポーランドの若年層が，イギリスに押し寄せました。当時のイギリスにおける若年労働者の実質賃金の低下とイギリスの労働コストの低さという事実が，移民受入政策や移民の動向と密接に結び付いていることが分かります。そしてこのイギリスにとって必ずしも望ましいとは言えない状況は，EUが目指した「人，もの，サービス及び資本の自由な移動」の結果でもあるのです。

◆ BrexitとNHS（国民保健制度）の関係

　移民は潜在的な労働力であり，人口が減少傾向にある国にとっては必要不可欠な経営資源です。その一方で，その受け入れには教育費や住宅費，社会保障費などの財政的な直接的コストだけでなく，労働の供給過剰による低賃金化や新規の失業の可能性，犯罪の増加などの社会的コストを伴います。特にイギリス国民にとっては，National Health Service（NHS）が移民の流入により悪化したという思いがありました。NHSはイギリスの国営の保健制度で，国民全員に無料で医療サービスを提供することを基本的な理念としています。ところが財政的に厳しい状況が長年続いており，適切な医療サービスを享受できないことが国民の最大の不満の1つでした。

　移民の流入により，NHSが破綻するかもしれないと考えた国民も少なからずいたでしょう。そしてBrexitの国民投票のキャンペーン中には，以下のようなメッセージを書いた赤いバスが走りました。"We send the EU ￡350 million a week. Let's fund our NHS instead. Vote Leave. Let's take back control."（我々は週に3億5,000万ポンドをEUに送っている。その代わりに我々のNHSに投資しよう。離脱に投票しよう。自分たちの主導権を取り戻そう。）

　いわゆる政治的プロパガンダです。あたかもNHSの改革が遅れているのはEUに加盟しているためだと主張しているようにも捉えられます。このような主張を行ったのは，後にさまざまな問題を引き起こすことになるイギリスの元首相ジョンソン氏です。彼は上記のようなキャンペーンを行ったことが，EU離脱に対して虚偽の発言を行ったとして治安裁判所に出廷を命じられました。このようにイギリスの社会状況が当時不安定であったことが，Brexitの直接の理由だといえます。そしてEU離脱のプロセスで最大の問題であった国境問題

86　PART 1　ヨーロッパ企業の理解のための多様なアプローチ

がさらなる政治的な混乱へとイギリスを導いて行きました。

2　国境問題とアイルランド

　国境問題とは，アイルランドとイギリス領である北アイルランド間の国境に関する問題です。アイルランドとイギリス領北アイルランドには，長い紛争の歴史があります。そしてその紛争解決の政治的妥協としてアイルランドとイギリス領北アイルランドの間には，物理的な国境は設けず，人々が自由に2地域を往来できることが約束されてきました。ところがイギリスがEUから離脱するとEU加盟国であるアイルランドと北アイルランドには，否応でも国境が敷かれ，関税のチェックなどが必要となります。

　この問題を解決するために，2019年に当時のイギリス首相であったメイ氏は，妥協案としてイギリスはEU離脱後に関税同盟に残留し，2地域間の国境を封鎖しないという案をEUサイドに示しました。ところが，EUサイドでの受諾にも関わらず，イギリスの国会ではこの案は否決され，メイ氏は辞任します。関税同盟に残留すれば，経済政策に関する主権は取り戻せないというのが，政治家たちの考えのようでした。

　その後，メイ氏の後任にはBrexit強硬派のジョンソン氏が就任したのですが，交渉期限が迫った2019年8-9月に5週間，国会を閉鎖し，Brexitの議論を出来ないようにしたことが，違憲とみなされます。こうしてイギリスの離脱案は，当時のドイツのメルケル首相により，受け入れが他の加盟国にも勧められ，アイルランド・北アイルランドに関しては合意が形成されました。

　図表5-1には2020年時点でのイギリス，アイルランド，EU間の関税適用方法について示しています。ポイントとなるのは次の3点です。

　① EUと英国は別の関税領域で，北アイルランドは英国の関税領域
　② 北アイルランドにはEU規制を適用
　③ 通関手続きは北アイルランド，グレート・ブリテン島間でイギリス当局が

実施。アイルランドと北アイルランド間では通関手続きは発生しない

図表5-1では，②の説明は丸く囲っている領域がEU規制の対象地域を意味します。グレート・ブリテン島から北アイルランドの貿易において，EUに輸送されるリスクがない場合（A）は無関税，EUに輸送されるリスクがある場合（B）は関税がかかります。アイルランドから北アイルランドの貿易（C）は無関税となります。このように北アイルランドは経済圏として特殊な地域となりました。

図表5-1 イギリス・北アイルランド・EUの関税適用

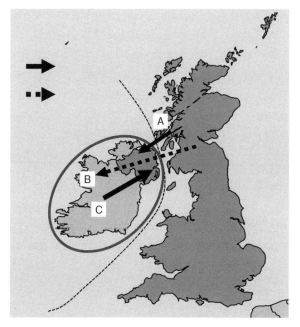

出所）JETRO

88　PART 1　ヨーロッパ企業の理解のための多様なアプローチ

◆　アイルランドの企業ランキング

　それではこの特殊なアイルランドの状況は，企業の行動にどのような影響を与えたのでしょうか。**図表5-2**には，アイルランドの売上高トップ10の企業とそのオーナー会社に関するデータをまとめています。Apple, Google, Microsoftなどアメリカの企業の子会社が名を連ねています。10社中8社が，アメリカ企業がオーナー会社となっています。5位のMeta Platforms IrelandもアメリカのFacebookの完全子会社です。この中の多くの企業は上場しておらず，株主はオーナー会社関連に限られています。これは他のEU加盟国や世界の国々の状況と大きく異なります。

　アイルランドが英語圏ということもあり，アメリカをはじめ多くの企業が，子会社設立などの直接投資をアイルランドで行っているのです。そしてMicrosoftとAmazonの子会社は，2020年のBrexit後にアイルランドに設立された会社です。Brexitへの迅速な対応とみなすことができるでしょう。

　このような地理的かつ文化的な特性を生かし，2015年以来アイルランドの一人当たりのGDPは世界2位，労働生産性は世界1位の水準となっています。

図表5-2 ┃ アイルランドの2021-2022売上高トップ10企業

	会社名	売上高 （千USドル）	設立年	オーナー会社
1	Apple Operations International Limited	221,869,447	06/08/1980	Apple Inc. （アメリカ）
2	Google Ireland Limited	73,431,054	28/02/2003	Alphabet Inc. （アメリカ）
3	Microsoft Ireland Operations Limited	64,913,768	15/11/1996	Microsoft Corporation （アメリカ）
4	Accenture Public Limited Company	61,594,305	1989	Accenture Public Limited Company （アイルランド）
5	Meta Platforms Ireland Limited	59,265,267	06/10/2008	MR Mark Zuckerberg （アメリカ）

6	Statkraft Markets GMBH	57,594,747	01/08/2000	Government of Norway (ノルウェー)
7	Microsoft Ireland Investments Unlimited Company	54,392,225	28/01/2021	Microsoft Corporation (アメリカ)
8	Amazon EU SARL	54,286,215	14/04/2023	-
9	Microsoft Ireland Research Unlimited Company	47,787,932	25/04/2001	Microsoft Corporation (アメリカ)
10	United Airlines , Inc.	44,837,273	07/04/1980	-

出所）Moody's社のデータベースOrbisから抽出したデータに基づき筆者作成

3　ドイツとイギリスの労働市場と教育制度の比較

　政治的，経済的に混乱を招き，企業の活動にも影響を与えたBrexitの原因が，イギリスへの移民の流入にあったのかを，ドイツと比較することで検証していきます。図表5-3はユーロ導入直前の1998年からBrexitの国民投票が行われる前の2014年までの間のイギリスとドイツの移民受入数の推移を示しています。数年を除きドイツのほうがイギリスよりも多くの移民を受け入れていることが分かります。ドイツは受入数の増減を繰り返している一方で，イギリスの移民受入数は増加トレンドを示しています。両国の立地条件や経済状況の違いから単純な比較は出来ませんが，特別な規制措置がなければ，イギリスの移民は，今後も増加し続けることが，当時は予測できたでしょう。

　そしてこの移民受入数の推移で興味深い点は，ドイツとイギリスの受入数に関する相関係数が，約−0.6であり，中程度の負の相関関係を示していることです。マイナスの相関ということは，どちらかの国が受入数を増やせば，どちらかの国が受入数を減らすことを意味します。

　それではこの状況がドイツとイギリスでどのような社会変化をもたらしたのかを検討してみましょう。

90　PART 1　ヨーロッパ企業の理解のための多様なアプローチ

図表5-3 ┃ イギリスとドイツの移民の受入数の推移

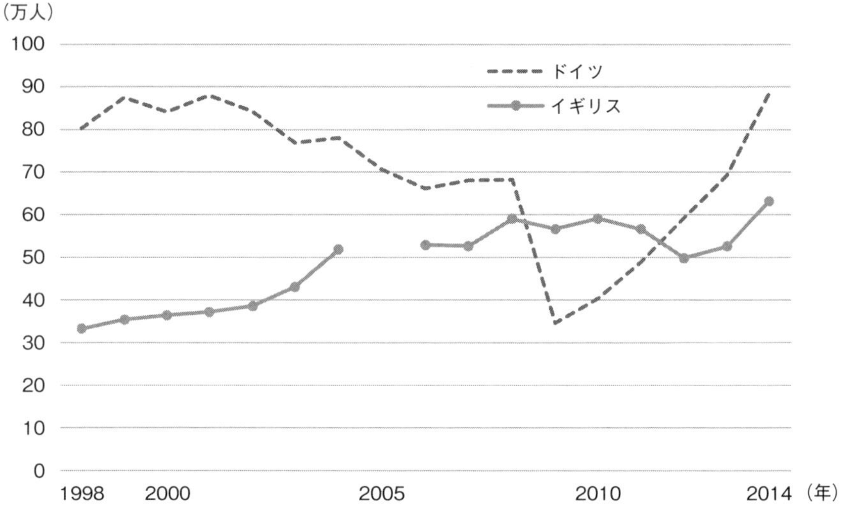

（万人）

（グラフ：ドイツ（破線）とイギリス（実線）の移民受入数の推移、1998年から2014年）

出所）Eurostatのデータに基づき筆者作成

　移民の流入がイギリスとドイツでどのような影響を与えたのかを考えるために，両国の教育システムと労働市場の特徴について比較していきます。

◆　ドイツの教育システム

　図表5-4は，ドイツの教育システムをまとめた表です。

　日本の小学校に当たるグルントシューレは6歳から10歳まで通います。そして10歳になると3つの選択肢が用意されています。これが一般的な進路ですが，それ以外に独自のカリキュラムを備え，生徒に進路選択の機会を与えている総合学校やシュタイナー学校がありますが，少数派となっています。

　グルントシューレを卒業後に選択されるエリートコースは，ギムナジウムです。成績が優秀な生徒が進学します。8年間の一貫教育を受け，最終学年にはアビトゥーア（大学進学のための資格試験）を受験し，大学に進学します。留年者や退学者も多いのが特徴です。レアルシューレ（実科学校）は，進学者が最も多く，卒業後，主に専門大学へ進学し，事務職や高度専門職に就く卒業生が多い6年制の学校です。ハウプトシューレ（基幹学校）は5年制で，卒業後

図表5-4 ドイツの教育システム

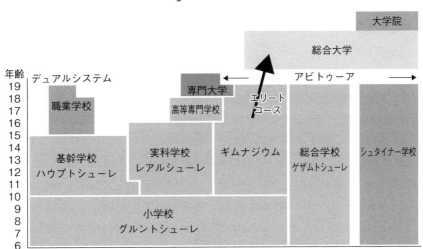

出所）各種公表資料より筆者作成

は就職するか，職業学校に進学し，マイスター取得のためのコースを選択できる学校です。

　ドイツのマイスター制度は，ゲセルという職業に関する国家資格を取得した者が，さらに高度な知識と技能を身に付けた後に，指導者となる資格が与えられる制度です。マイスターとなると個人事業主として独立する機会も増え，マイスターの社会的地位は現在でも高くなっています。近年は，ドイツ語ができない移民の子が，ハウプトシューレに行くこともあり，職業訓練だけでなく，語学の習得を重視する学校もあります。

　このようにドイツでは，教育を受ける早い段階で将来の職業を選択せねばなりません。そして正式な教育や訓練を修めた者に資格が与えられるシステムが根付いています。このシステムは，ドイツ経済において，優れた技術力と品質を維持することに貢献する一方で，労働市場を硬直的にするといわれています。つまり一旦，資格を取ると安定した職業に年金受給まで就くことができるのですが，その一方で，資格がない者や，教育プロセスでドロップアウトした者は，厳しい雇用条件下で労働に従事することになります。

92　PART 1　ヨーロッパ企業の理解のための多様なアプローチ

◆　イギリスの教育システム

　図表5-5にはイギリスの教育システムがまとめられています。ドイツの教育システムとの最大の違いは，基本的には18歳までが，義務教育となり，公立高校ならば無償で教育を受けることができる点です。

図表5-5 ┃ イギリスの教育システム

	初等教育	中等教育							
年齢	11	12	13	14	15	16	17	18	
学年		1	2	3	4	5	6		
公立高校		Secondary School ┤ Grammar School / Comprehensive School					Sixth Form / College of Further Education / Sixth Form College		
私立高校	Preparatory School / Senior School（Public School）						Tutorial College /（Sixth Form）		

出所）日本国際交流振興会

　イギリスでは私立学校のことをパブリックスクール（Public School）と呼びますが，全寮制の学校や一貫教育を行う学校などさまざまな特徴があります。伝統がある名門校もあり，学費が高額なのが一般的です。その一方で，どの学校に進学しても，一般教育終了上級レベル（通称Aレベル）という大学入学資格試験を受験し，その成績によって大学への進学が可能となります。

　つまり，イギリスでは公立高校であっても私立高校であっても18歳まで通っていれば，大学進学へのチャンスはあるということです。10歳の時点でギムナジウムに進学できなければ大学進学への道が，ほぼなくなってしまうドイツとの大きな違いではないでしょうか。

　このような教育システムの特徴は，イギリスの労働市場や雇用形態にも反映

第5章　イギリスはなぜEUを離脱したのか？　93

されています。それは，就職に際して，資格の有無ではなく，実績や経験を重視するのです。資格がなくても就職することができ，その後のキャリアや処遇については実績で評価されることが多いのです。労働市場においては競争が激しくなり，流動的である一方で，全ての人が労働を得るチャンスがあるのです。

◆　移民にとって望ましい国は？

　新しくEUに加盟した国から，労働者として行くならば，ドイツとイギリスのどちらの国を選択するでしょうか。あるいは自分もしくは家族が教育を受ける必要がある場合は，どちらの国を選択するでしょうか。イギリスの方が，義務教育が受けやすい環境が整っており，待遇的には劣るかもしれませんが，労働機会があるイギリスの方が，移民にとっては望ましいのではないでしょうか。

　ドイツはEU最大の経済大国であり，他のヨーロッパ諸国と陸続きです。そして移民を積極的に受け入れる政策を採ってきたことから，移民の受入数はイギリスよりも多いですが，労働市場や教育システムをみた場合，イギリスの方がドイツよりも移民との「社会的距離」[1]は，近いのではないでしょうか。ドイツでは，移民はドイツ人の労働者や生徒や学生を押しのけて，労働や教育を確保するのでなく，別の「居場所」が与えられます。その一方で，イギリスでは，移民はイギリス人の労働や教育機会を奪う競争相手となり，社会において「同居人」となる存在なのです。このような両国における移民との関係性の違いが，Brexitの原因の1つとなったのではないでしょうか。

1　社会的距離とは社会学における'social distance'の訳語で，本来の意味は，階級や人種，職業などの集団間や個人間での社会における親近性や親密性の程度のこと。新型コロナウイルス（COVID－19）が蔓延した際にメディアなどで使用された，感染症の拡大を防ぐために，人と人との間で保つべき距離を意味する「ソーシャルディスタンス」とは別概念である。

4 地政学リスクに備える企業システム

　Brexitは，政治的，地域的に突発的に起こる地政学リスクとしてみることもできます。おそらくEU諸国をはじめ，イギリスの国民や政治家でさえも本当にイギリスがEUから離脱するとは考えていなかったのではないでしょうか。

　地政学リスクとしては，さまざまな紛争やテロ，政変が一般的に想定されますが，いつ，どこで起こるのかが予測できないことが特徴です。今後は，地政学リスクへの対応が，ヨーロッパ企業をはじめ全ての企業に求められます。しかしながら，地政学リスクに対応した経営組織や経営戦略に関する研究は，始まったばかりで，企業は独自でベストな対応を模索する必要があります。

　和田（2022）では，日系多国籍企業へのアンケート調査の結果と財務データを用いて，地政学リスク発生の可能性があったトランプ政権下のアメリカ合衆国で，事業を拡大する企業の特徴について検討しています。そして労働生産性が高く，地政学リスクの影響が低いと認識された時に事業拡大の傾向がある一方で，効率的なグローバル統治構造が，未だ形成されていないことが，地政学リスクへの対応を遅らせた可能性を示しています。例えば，現地からの情報を重視する企業の方が，事業を拡大する傾向にある一方で，地域を統括する機能を現地に備えていても地政学リスクに対処しているとはいえないことが示唆されています。またアメリカ企業との合弁事業を行っている日系多国籍企業の割合が少ないこともわかりました。

　和田（2009）では，ドイツにおける日系多国籍企業は，他社との協力関係を築くことに消極的であることが示されましたが，その傾向は現在も続いていることが推測できます。M＆Aのメリットや目的については，第4章で学習しましたが，海外企業との合併や合弁が，現地の情報を的確に把握することや外国企業を排除する内向的な政策や制度転換への対策として，メリットを発揮することは容易に想像できるでしょう。最後にBrexitでの日系多国籍企業の対応について，ホンダと日産の事例から考えてみましょう。

◆ ホンダと日産のBrexitへの対応

　ホンダは2021年7月に，38年間操業したイギリスのスウィンドンの工場を閉鎖しました。従業員3,500人が失業し，工場跡地も売却しました。そしてヨーロッパ全体でサプライチェーンを見直すという発表をしています。

　一方，日産も2021年7月に，ホンダのスウィンドン工場と同じ時期に創業を開始した工場のあるサンダーランドに電気自動車（EV）向けのギガファクトリーの建設を行う計画を発表しました。同計画には，日産と同社のバッテリーサプライヤーのAESC，サンダーランド市が，10億ポンド（約1,540億円）の投資を行い，EV，再生可能エネルギー，バッテリー生産を活用し，ライフサイクル全体でのカーボンニュートラルの実現を目指すことを明らかにしました。この計画では周辺のサプライヤーを含め，イギリスで6,200人の雇用創出が見込まれるとのことです。

　このように同じ日系の自動車メーカーであってもBrexitへの対応が，まったく違うのです。Brexitの議論が続いている中で，日系企業がイギリスから撤退すると，大量の失業者が出ることが報道されており，イギリス社会にとっても日系企業は，大きな存在となっていました。そのような社会的な関心は，Brexit後のビジネスに関する交渉でも，日系企業に有利に作用したはずです。

　現地での情報を迅速かつ正確に把握し，Brexitのような地政学リスク下においてもビジネスチャンスを見つけ出し，利害関係者と交渉するノウハウは，長年フランスのルノーと提携していた日産の方が持っていたのかもしれません。ホンダのイギリスからの撤退を伝える報道番組では，スウィンドンの住人が「ホンダが来てくれたおかげで町全体が潤った。本当に感謝している。」と語っていたのが印象的でした。

　全てのステークホルダー（利害関係者）に目を向けなければ，企業が地政学リスク下で成功するのは困難な時代が近づいているのではないでしょうか。今後は，イギリスのEU離脱について多国籍企業がどのような対応を取るのかに注目し，地政学リスクに対応するための戦略やガバナンスについてさらに検討する必要があります。

ケースに学ぶ

Tesco（テスコ）の最高執行責任者の株売却

　テスコはイギリス最大のスーパーマーケットチェーンである。1919年に創業され，1947年に上場企業となっている。2022年の売上高は79,318百万ドルで，イギリスでは，シェル，BP，Glencoreに次ぐ規模である。営業利益は1,206百万ドル，従業員数が22.2万人と報告されている。金融，ガソリンスタンド，通信，e-コマースビジネスを展開し，海外にも進出している。2003年には日本にも参入したが，テスコの店舗はイオングループに売却され，2013年には日本から撤退している。この日本からの撤退の一要因となった可能性のあるコーポレートガバナンスに関する事例を示す。

　2011年，テスコはクリスマスのセールスが，近年では最悪であり，年間を通じても利益は最小の成長となるであろうことを報告した。その報告を受け，株式市場はネガティブな反応を示し，40億ポンドのテスコの株式価値が失われた。当時のテスコUKのCOO（最高執行責任者）のNoel Robbins氏は，この報告が行われる1週間前にテスコ株50,000株を売却し，約5万ポンドの損失を避けることに成功した。このCOOの行動は，イギリスのコーポレートガバナンスコードにある"Directors' Dealingのモデルコード"に述べられている期間内での株の取引であったため，正式なルールを破ってはいなかった。テスコの全UKストアの売上を見ることが，COOの日課の責任の一部となっていたにもかかわらず，テスコUKもCOOの行動を社内の機密情報を利用したインサイダー取引とはみなさない姿勢を貫いた。

　このようにコーポレートガバナンスコードは時として，株主の利害を損ねるような経営者の実践を止めることができないことに留意すべきである。このケースでは法律は守っているために，"comply or explain"（遵守せよ，さもなくば説明せよ）という実践でも取り締まることはできない。所有と経営が分離した企業において，理想的なコーポレートガバナンスの実践が困難であることを示している。

第5章　イギリスはなぜEUを離脱したのか？　97

―― Somo教授の**Tutorial** ――　

資本主義モデル

Jeanne ：ドイツとイギリスでは教育システムや労働市場の特徴に違いがありましたが，他のヨーロッパの国々の間にも同じように違いはあるのでしょうか？

Somo教授：そうですね。日本も含めてヨーロッパの国々は資本主義体制を取っているため，基本的には同じ経済システムです。ヨーロッパは資本主義発祥の地です。その起源は16世紀の大航海時代まで遡るという説もあります。基本的には資本家と労働者の関係により成立する経済システムが資本主義です。近年，資本主義国の間での違いを比較した研究が行われ，タイプやモデルとして分類しています。ヨーロッパ諸国の資本主義のモデルとして，アングロ・サクソン型，大陸欧州型，地中海型，社会民主主義型などがあります。

Jeanne ：地域や民族名が出ているので，わかりやすいですね。イギリスはアングロ・サクソンモデル，ドイツは大陸欧州モデルですね。地中海モデルはスペイン，イタリア，ギリシャですか？　社会民主主義型モデルは北欧諸国ですよね。

Somo教授：北欧諸国の中では，ノルウェーは大陸欧州型に近いシステムだといわれています。それぞれの資本主義モデルでの製品・労働市場，金融システム，福祉，教育の特徴と該当する国名を以下にまとめます。

A．市場ベース型資本主義＝アングロ・サクソンモデル
イギリス・アメリカ・カナダ
特徴：競争的かつフレキシブルな市場と教育・低水準の行政規制・株式市場が発達・会社所有が分散

B．大陸欧州型資本主義
ドイツ・フランス・オランダ・スイス・アイルランド・ノルウェー
特徴：市場は競争的なものから緩やかに規制されたものまで多様・金融機関により企業をコントロール・雇用ベースの保険給付制度・公的教育機関の充実

98　PART 1　ヨーロッパ企業の理解のための多様なアプローチ

C．社会民主主義型資本主義＝北欧モデル

デンマーク・フィンランド・スウェーデン

特徴：規制された市場・銀行ベースの金融システム・家族向けの福祉サービスの充実・高等教育への高い公的支出・高い労働組合組織率

D．地中海型資本主義

イタリア・スペイン・ギリシャ・ポルトガル

特徴：規制された市場・老齢年金制度の充実・銀行ベースの金融システム・企業の所有権の集中・脆弱な教育（低い教育支出と低入学率・低い科学/技術教育水準）

E．アジア型資本主義

日本・韓国

特徴：統治された市場・常用雇用の保護・銀行中心の金融システム・低水準の社会保障・私学高等教育の充実

Jeanne 　：同じ資本主義国でもかなり違いがありますね。私にとってはフランスの教育よりも自由に学べるイギリスの教育の方が合っています。

Somo教授：EUの市場統合によって，それぞれの国の資本主義モデルにも変化が生じています。例えば銀行中心であったドイツの資本調達方法は，株式市場からの資本調達に変わってきました。日本の資本主義も大陸欧州モデルに近いと言われていましたが，なぜか，アングロ・サクソンモデルを理想とする政策が，近年，採用されるようになりました。

Jeanne 　：そうなんですか？　それは意外ですね！　日本と言えば，私は日本のアニメが大好きです。フランスの若者の間では，コスプレするときは，日本のアニメの主人公をモデルにしていますよ！

第5章　イギリスはなぜEUを離脱したのか？　　99

ヨーロッパの街角で

Cambridge
（ケンブリッジ）

　ケンブリッジで，私は2016年から2019年にかけて研究活動に従事していた。私が赴任した時は，ちょうどBrexitの国民投票が終わったばかりで，メディアは連日，Brexitに関する政策や方針について伝えていた。第5章本文でも話題となったNHS（国民保健サービス）に関する私の経験を話そう。ある日，血液検査の結果の受け取りと診療のために病院に行った時のことだ。女医さんは淡々と私にこう言った。「確かにあなたは，1週間前に採血をした記録があるわ。でもあなたの血は輸送の途中でどこかにいってしまったみたい。今日，もう一度，採血して，来週，改めて来てくださいね」。これがイギリスのNHSの現実であった。

　ケンブリッジは，街のいたるところにカレッジや研究所があり，「大学の中に街がある」と形容される。そんなケンブリッジでの生活で，驚き，そして戸惑ったのは，カレッジでの食事だった。とにかく隣や前に偶然座った人達（初対面のことも多々ある！）との高尚な会話を楽しむ？　のが流儀だ。ランチの後はティータイム（ほとんどの人はコーヒーだった！），ディナーの後は，アルコール（シェリーやポルト酒，ワインなどの高級酒！）タイムもある。それにケンブリッジでは，多くのカレッジや研究機関があるため，学会，イベント，記念式典などが開催されており，毎日どこかでパーティーが開催されていた。最初の頃は緊張のあまり，人生で初めて「食事が喉を通らない」ということを経験した。そしてケンブリッジでの正装は，かの有名なガウンである。パー

ケンブリッジ大学
セントキャサリンズカレッジ

ティーやディナーに招待されて自分だけ着ていないのも目立つので，街中の洋服店でガウンを購入しようとすると，店の主人からオーダーメイドを勧められた。かなり高額だったために安価な既製品にしようとしたら，店の主人は，それを察して，「最近，ちょうどキャンセルになったオーダーメイドのガウンがあるんだよ！」と箱からガウンを取り出した。「少し大きめだが，問題なさそうだな！」と店の主人に言われるがままに，かなりお安くオーダーメイドガウンを購入することができた。気になったのはオーダーメイドのガウンをキャンセルしたのは，誰かということだった。卒業式に出るつもりで卒業できなかった学生か，それとも採用の直前で，ケンブリッジに受け入れてもらえなかった研究者だったのだろうか。

　ケンブリッジでの住まいは，街から北へ少し行った場所で，いわゆる二戸建住宅（semi-detached house）だった。隣の家とは，壁がつながっているタイプの住宅だ。お隣はイギリス人の子どものいない夫婦が住んでいたが，あまり顔を合わすことがなかった。1度，子どもたちが遊んでいたボールが，お隣のガーデンに入って，花を折ったりしたので，謝りに行ったが，怒る気配もなく笑ってくれた。ついでに「子どもがいつもうるさくしてごめんなさい」と言うと「大丈夫。壁から聞こえてくる楽しそうな声を，楽しんでるわ！」と言ってくれたが，その言葉の真意は確認していない。反対側のお隣は，老夫婦が住んでおり，家は繋がっていないが，玄関どうしが向かい合っていて，顔を合わす機会も多く，ご近所づきあいができた。互いに何度か夕食やお茶にも招待した。旦那さんは愉快な人で，プレミアリーグのトッテナムの大ファンで，いつも冗談を言ってくれた。家の前で子どもたちと一緒に洗車していると，子どもたちに向かって，「こっちの俺の車を洗ってくれたら，10ポンド，払うよ！そっちより割がいいだろ？」と，笑っていた。帰国でその家を明け渡す時には，自前の梯子とペンキを持って，壁のペンキ塗りを手伝いに来てくれたことは，今でも忘れない。

ケム川でのパンティング

本章のまとめ

　混乱を招いたイギリスのEU離脱の背景には，東欧諸国やバルト三国のEU加盟による移民の流入の量の多さだけでなく，イギリスの教育制度や労働市場の特徴が関わっていた可能性があります。今後はすべての企業にとって地政学リスクへの対応がますます必要になってきます。

参考文献

和田美憲（2009）「日系多国籍企業の経営戦略─ガバナンス構造に関する研究ノート」同志社大学ワールドワイドビジネスレビュー，11.
和田美憲（2022）「地政学リスクにおける事業拡大の決定要因」経済政策ジャーナル第19巻　第1号1-16ページ.
Bloomfield Stephen（2013）"Theory and Practice of Corporate Governance-An Integrated Approach" Cambridge University Press.

筆者研究室のマインツパペット

PART 2
産業別ヨーロッパ企業の比較

第6章 エネルギー産業

─環境政策と経済発展を支える企業とは？─

　ヨーロッパのエネルギー産業とその企業活動の特徴について学習します。特に石油関連企業と電力関連企業について取り上げ，ヨーロッパの国ごとのエネルギー産業に課された役割とEUの環境政策や経済政策を担う企業の組織や経営について解説します。

1　石油関連企業の活動

　第1章でもみたように，近年，エネルギー産業に属するヨーロッパ企業は，売上高で上位を占めていました（**図表1-2参照**）。世界的には，ヨーロッパのエネルギー産業はどのような規模にあるのでしょうか。**図表6-1**は石油・ガスなどの地下資源を扱う企業の世界での売上高トップ20です。

　サウジアラビアと中国の国営企業が上位を占めています。そしてスーパーメジャーと総称される，アメリカのエクソン・モービルとシェブロン，イギリスのシェルとBP，そしてフランスのトタルエナジーズがトップ10にランクインしています。

　7位にランクインしているGlencore（グレンコア）は，イギリスの会社ですが，事実上はスイスの会社です。なぜなら，タックスヘブンとして知られるイギリス領のジャージー島に登記上の本社を設置しているからです。1974年に設立された世界最大の商品取引を行う商社で，亜鉛，銅，石油，石炭，天然ガスなどの鉱物，麦や砂糖，トウモロコシなどの農作物の取引も行っています。日本における総合商社のようなビジネスを展開しています。

　11位から19位にはスーパーメジャーを含むアメリカの石油関連企業，ロシア，ブラジル，メキシコの石油産出国の企業に加えて，ノルウェーのエクイノール，

第6章 エネルギー産業　105

図表6-1 ┃ 石油・ガス企業の世界トップ20

	会社名	国名	売上高 (千USドル)	従業員数（人）
1	Saudi Arabian Oil Company Saudi Joint Stock Company	サウジアラビア	604,366,165	70,496
2	China Petroleum & Chemical Corporation	中国	438,361,869	374,791
3	Petrochina Company Limited	中国	426,624,286	398,440
4	Exxson Mobil Corp	アメリカ	398,675,000	62,000
5	Shell PLC	イギリス	381,314,000	93,000
6	Totalenergies SE	フランス	263,536,000	101,279
7	Glencore PLC	イギリス	256,349,000	81,706
8	BP PLC	イギリス	242,065,000	67,500
9	Chevron Corporation	アメリカ	235,717,000	43,846
10	Marathon Petroleum Corporation	アメリカ	178,891,000	17,800
11	Valero Energy Corp	アメリカ	176,383,000	9,743
12	Public Joint Stock Company Gazprom	ロシア	170,040,518	―
13	Phillips 66	アメリカ	169,990,000	13,000
14	Equinor ASA	ノルウェー	150,806,000	21,500
15	Eni S.p.A.	イタリア	142,832,604	32,188
16	Petroleo Brasileiro S.A.	ブラジル	130,513,307	45,149
17	Petroleos Mexicanos	メキシコ	124,284,788	―
18	Publichnoe Aktsionernoe Obschestvo Neftyanaya Kompania Rosneft	ロシア	116,741,101	―
19	Koch Industries Inc.	アメリカ	115,000,000	65,000
20	Eneos Holdings Inc.	日本	113,039,689	44,617

注）売上高は2021-2022年のデータ
出所）Moody's社のデータベースOrbisより抽出したデータに基づき筆者作成

イタリアのEni（エニ）がランクインしています。アメリカ，サウジアラビア，ロシア，中国，ブラジル，メキシコは広大な国土を持ち，自国で原油を産出しており，人口も多いためエネルギー需要も大きい傾向にあります。その一方で原油産出量や人口規模の観点から，ヨーロッパの企業の売上高が想像以上に高

いという印象があります。比較のために日本の資源関連会社の状況について
データを示します。

　日本企業の最高ランクのEneos（エネオス）Holdingsが，世界20位で売上高
は約1,130億ドルです。エネオスは2010年に誕生しましたが，これまでさまざ
まなエネルギー関連会社が，長い時間をかけて経営統合と合併を行い，規模を
拡大させてきた会社です。日本企業として次に売上高の高い出光興産が世界33
位で708億ドルとなっています。出光興産はシェルが筆頭株主であった昭和
シェル石油を，2019年に完全子会社として規模を拡大しました。日本のエネル
ギー産業も資本の集中が進んでいますが，世界の中では規模が大きいとはいえ
ません。ヨーロッパには北海油田があり，イギリスとノルウェーは自国の石油
の採掘事業も行っていますが，自国でガスや石油がほとんど産出しないフラン
スやイタリアの企業活動についてもみていきましょう。

◆　ヨーロッパ企業と日本企業の比較（石油関連産業）

　図表6-2はヨーロッパと日本の石油関連企業のパフォーマンスと企業構造
についての比較を示しています。

　最初に，グラフ内の数値の中で，計算によって導出した指標について，その
計算方法と解釈について説明します。ここで用いた指標は，これ以降，別の産
業の企業のパフォーマンス比較の図表でも使用しており，産業間での比較にも
利用します。

第 6 章　エネルギー産業　107

図表6-2 ┃ 石油関連企業のパフォーマンス比較（2022年）

会社名	シェル	トタル エナジーズ	エクイ ノール	エニ	エネオス
本社所在国	イギリス	フランス	ノルウェー	イタリア	日本
設立年	1900年	1924年	1972年	1953年	2010年
売上高 （百万USドル）	381,384	263,536	150,806	142,833	113,030
従業員数（人）	93,000	101,279	21,500	32,188	44,617
利益 （百万USドル）	64,815	43,286	78,604	23,517	1,928
労働生産性 （千ドル）	847	516	3,846	831	no data
株主資本比率 （％）	43.47	37.70	34.17	36.30	33.03
株主資本利益率 （ROE）（％）	33.65	37.78	145.59	39.93	7.83
固定費用率（％）	20.30	40.64	37.46	45.39	22.74
グッドウィル率 （％）	4.21	3.28	0.92	2.34	1.70
子会社率 （10,000％）	4.15	6.06	1.92	2.30	1.73

出所）Moody's社のデータベースOrbisより抽出したデータに基づき筆者作成

労働生産性　　：（利益＋労働コスト）/従業員数
　　　　　　　　　企業の効率性を測定する指標で，一人当たりの従業員が生み
　　　　　　　　　出す付加価値であり，値が大きいほど効率的。
株主資本比率　：（株主資本/総資産）×100
　　　　　　　　　株式による資金調達の割合を示す指標。値が大きいほど，株
　　　　　　　　　式で資金調達しており，負債が少ない。一般に40％以上が倒
　　　　　　　　　産の可能性が低い状態とされる。
株主資本利益率：（利益/株主資本）×100
（ROE）　　　　株主の投資効率を示す指標で，値が高いほど，株主にとって
　　　　　　　　　価値を生み出す企業として評価（第3章の説明を参照）。
固定費用率　　：（有形固定資産/売上高）×100
　　　　　　　　　固定費に相当する有形固定資産を規模の指標としての売上高

で割ることで，企業間での固定費の程度の比較を行うための指標。値が大きいほど，固定費が大きく，「規模の経済性」が働きやすい状況を示す。

グッドウィル率：（グッドウィル/売上高）×100
グッドウィルとは「信用」，「のれん」などと訳され，ブランド・ノウハウ・スキルという目には見えないが，企業が保有する顧客を引き付ける程度の指標で営業権を用いて数値化。グッドウィル率は規模に関する比率を測定。値が高いほど，ブランド力や顧客信用度が高い。

子会社率　：（子会社数/売上高）×1,000,000
子会社数の規模に関する比率を測定。値が大きいほど，子会社の売上への寄与度が高く，企業グループでの子会社の重要性が高く，多角化やM＆Aに積極的である可能性を示す指標。

◆　規模と生産性の比較

それでは，図表6-2で示したデータに基づき，企業のパフォーマンスを評価してみましょう。スーパーメジャーであるシェルとトタルエナジーズが，売上高や従業員数が大きい一方で，利益や労働生産性，ROEは，エクイノールの方が高いことがわかります。エクイノールは，ノルウェー政府が最大株主で，政府のプロジェクトだけでなく世界的な環境政策の一翼を担っていることを，第1章で述べましたが，効率的に経営が進められていることがわかります。

エクイノールは，北海油田においてCO_2地中貯留というプロジェクトを1996年から行っています。北海にある天然ガス層から天然ガスを採掘するとき，同時にCO_2が不純物として混じっています。これらを分離して，天然ガスは陸へ輸送し，CO_2は地中にある地下水の地層に埋めてしまうプロジェクトです。そしてノルウェー政府の方針を受けて，ノルウェー全体で石油・ガス開発に伴うCO_2排出量を2030年までに合計250万トン削減という数値目標のうち，200万トンをエクイノールによる削減としています。このように企業目標とEUや政府の環境政策との連携が図られています。

◆ ブランド力の比較

　ブランド力や顧客信用度を示すグッドウィル率は，貝殻のロゴが世界中で知られるシェルが，他の企業をリードしています。もともとシェルは，ロンドンの骨とう品店で，貝殻を輸入し，加工・販売していたことが，名称とロゴの由来だそうです。一般消費者に対して小売業を展開していることが，グッドウィル率のデータには反映されていると推測できます。主要な顧客が一般消費者ではなく，政府や公的機関であるエクイノールのグッドウィル率が，かなり低い数値になっているのも理解できるでしょう。

◆ フランスのトタルエナジーズ

　フランスのトタルエナジーズは，グッドウィル率がシェルよりも多少低くなっていますが，西ヨーロッパ諸国を中心にガソリンスタンドなどの小売業を展開しています。日本ではトタルエナジーズの小売業として，エンジンオイルelf（エルフ）の販売が行われています。また子会社率は，5社の中で最も高く，子会社の売上高への寄与度が高いことから，多角化やM＆Aなどをベースとした企業グループのガバナンス構造が形成されていることが推測できます。

　2023年には，再生可能エネルギーの運用会社であるTotal Eren社を完全子会社化し，再生可能エネルギー分野の収益性の向上を目指しています。Total Eren社は，30カ国で太陽光・風力・水力発電，蓄電プロジェクトのパイプラインを保有し，かつ20カ国以上にある拠点では，スタッフが専門知識とスキルを兼ね備えています。さらに北アフリカ，ラテンアメリカ，オーストラリアなどで先駆的なグリーン水素プロジェクトを立ち上げています。このトタルエナジーズのTotal Eren社の買収と統合は，それぞれのスタッフの専門知識や地理的フィールドの補完性を狙ったものであると報告されており，まさにM＆Aによる開発や販売に関するシナジー効果を期待しており，トランスナショナル企業の特徴も備えているといえるでしょう。

110　PART 2　産業別ヨーロッパ企業の比較

・日本のエネオスとの関係

　さらにトタルエナジーズは，2022年に日本のエネオスとも合弁会社を設立し，シンガポールを拠点として法人向け太陽光発電自家消費支援事業を展開しています。エネオスは，労働コストのデータがないため生産性に関してはヨーロッパ企業と比較できませんが，**図表6-2**の指標から，生産規模，投資家への魅力度，ブランド力などにおいて，ヨーロッパの石油関連企業に後れを取っているのではないでしょうか。合併と統合により誕生したエネオスには，「規模の経済性」や「シナジー効果」をさらに活用させる可能性があるではないでしょうか。

◆　**イタリアのエニ**

　資源大国ではないイタリアのエニのビジネスの特徴は，海外への展開を積極的に行っていることです。2022年時点で62カ国でビジネスを展開しています。その起源は，1920年にイタリア政府による石油やガスの掘削会社の設立でした。1998年に民営化計画により株式会社Eni S.p.Aとなりました。2022年時点で政府が30％の株式を保有し，イタリア政府のエネルギー政策に重要な役割を果たしています。

・アフリカとのビジネス

　1950年代にはアルジェリアに進出し，地中海を横断するガス輸送用のパイプラインを敷設し，その後もアルジェリアとのエネルギー供給での協力関係は続いています。2019年には，メキシコ湾のミストン油田で，原油の商業生産を開始しました。2022年にはアフリカのアルジェリアに加え，エジプトとガスの生産・輸出を最大化することに合意しました。さらにアンゴラ，コンゴ共和国ともガス生産の増加と輸出量の増加について合意しました。2021年にエニと共同で風力と太陽光の発電に基づくグリーン水素の開発に合意したアルジェリアのソナトラック社は，南アフリカの企業と共同でイタリアのシチリア島で再生可能エネルギーによるグリーン水素を生産し，CO_2回収技術による低排出ガスの生産計画を2023年に発表しています。

　このようなアフリカとヨーロッパ企業の共同プロジェクトもイタリアのエニ

が先駆者となり進められてきました。欧州グリーン政策の成功にとって，アフリカ企業との提携は重要な戦略となることから，資源を持たない国イタリアのエニの今後の活動が期待されます。

2　電力関連企業の活動

　エネルギー分野で石油関連産業と並ぶ主要な産業は電力産業です。電力関連企業は，石油関連企業と違い，以前は国営の企業がほとんどでしたが，1990年代から始まったヨーロッパでの電力自由化により，さまざまな民営化企業が誕生しました。それでは各国の主要な電力関連企業のパフォーマンスをみていきましょう。

◆　ヨーロッパ企業と日本企業の比較（電力産業）

　図表6-3は，ヨーロッパと日本の電力産業における，主要5企業の2022年のパフォーマンスを比較しています。フランスのÉlectricité de France（フランス電力），フィンランドのFortum（フォータム），イタリアのEnel（エネル），ドイツのE.ON（エーオン），そして日本の東京電力です。

　図表中の売上高や従業員数のデータをみると巨大企業だとわかりますが，図表6-2の石油関連企業の利益，労働生産性，ROEのデータと比較すると，全体的に収益・効率性が低くなっています。5社のうち3社は，利益がマイナスになっています。2022年は，世界的に石油，天然ガス，石炭などの資源の価格が高騰し，電力供給のためのコストが上昇した年に当たり，一時的に収益が低下した可能性もあります。また国ごとにエネルギー政策が違うため，図表6-3だけでは，ヨーロッパの電力関連企業の現状を把握するのは困難です。

　日本の場合，2011年の福島第一原子力発電所の事故によって，日本の電力供給の方針が大きく変化しました。原子力発電への依存度を低くする一方で，火力発電の割合を増加させ，太陽光発電をはじめとする再生可能エネルギーの開発を進めていますが，再生可能エネルギーの導入には積極的でないことが報告

112　PART 2　産業別ヨーロッパ企業の比較

されています。2022年のデータが示す東京電力の低い収益性は，天然ガスや石炭を燃料にする火力発電への依存度が高いことが，原因の１つに挙げられるでしょう。燃料を使用しない風力や太陽光発電，原子力発電への依存度が高い場合は，違う結果となっていたかもしれません。

　このように電力関連企業のパフォーマンスは，政策や世界情勢にも大きな影響を受けます。それではヨーロッパの電力供給に関する制度と政策の変遷についてみていきましょう。

図表6-3 ▎電力関連企業のパフォーマンス比較（2022年）

会社名	エーオン	フランス電力	フォータム	エネル	東京電力
本社所在国	ドイツ	フランス	フィンランド	イタリア	日本
設立年	2000年	1946年	1948年	1962年	1951年
売上高（百万ドル）	124,527	165,670	200,804	153,606	58,426
従業員数（人）	71,613	171,490	7,712	71,613	38,007
利益（百万ドル）	2,130	-24,442	-18,055	7,941	-838
労働生産性（千ドル）	111	-50	-2,174	197	no data
株主資本比率（%）	16.32	12.01	32.73	19.16	23.02
株主資本利益率（ROE）（%）	9.13	-49.16	-218.79	17.69	-3.59
固定費用率（%）	34.09	110.68	3.86	61.47	103.51
グッドウィル率（%）	14.58	6.12	0.13	9.54	no data
子会社率（10,000%）	10.93	0.96	1.35	6.61	2.82

出所）Moody's社のデータベースOrbisより抽出したデータに基づき筆者作成

◆　EUのエネルギー政策

　EUにおける「人・もの・サービス・資本の自由移動」というコンセプトは，

電力産業でも体現化されています。1991年にイギリスで小売の自由化, 1994年にはスペインで大口の部分的自由化が始まりました。そして1996年のEU指令により, 小売の部分自由化と送電部門の独立性の確保が, EU加盟国の間で規定されました。2001年には, 再生可能エネルギー発電の導入促進に関する指令, 2009年には送電部門のさらなる中立性と独立性強化のためのEU機関の設立に関する指令が発効されています。そして2019年には,「欧州グリーンディール」が発表されました。「欧州グリーンディール」とは, クリーンな循環型の経済に移行することで, 資源の効率的な利用を増やし, 気候変動を食い止め, 汚染を減らすための取り組みを示した行程表のことです。そして2050年までにCO_2排出ゼロを達成するため, 運輸, エネルギー, 農業, 建設などの分野での適用が示されています。このようにヨーロッパの電力関連企業は, EUにおける競争政策や環境政策を直接, 経営に反映させる必要があります。

◆　利益の変遷

　先ほどの電力関連企業の経営の変遷を検討するために, ユーロ導入後の税引き前の利益の変遷を次頁の**図表6-4**に示しています。22年間の中で, 国を代表する4企業の利益が, これほど乱高下するのは, 驚くべきことではないでしょうか。これらの電力関連企業は, 電力需要の変動や発電・送電技術の発展, EUと各国の政策の調整, それに地政学リスクなどに対応する必要があります。しかし電力産業の設備や施設が, 巨大かつ巨額であるために, さまざまな変化への対応には時間を要します。その調整のプロセスを検討するために, 4社がどのような経営を行ってきたのかをみていきます。

◆　ドイツのエーオン

　図表6-4中の黒い破線で示されたドイツのエーオンの利益の変化は, 特に激しくなっています。エーオンは2000年に2つの電力会社が合併して誕生しました。2003年には, ガス会社Ruhrgasを買収してガス市場に参入しました。2004年にはイギリスの電力会社の一連の買収の結果, E.ON UKを発足させました。

　2006年にはスペインの電力会社Endesaを買収しようとしますが, イタリア

図表6-4 ヨーロッパの電力4社の利益の推移

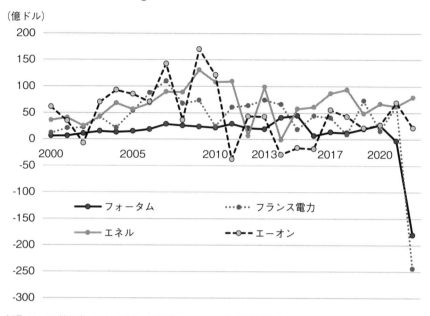

出所）Moody's社のデータベースOsirisより抽出したデータに基づき筆者作成

のエネルに阻止されています。2009年には，フランスの電力会社Engie（旧GDF Suez）と談合し，天然ガスのパイプラインを通じて，競争を阻害したため，欧州委員会より553百万ユーロという巨額の罰金の支払いを命じられました。同年，ドイツの電力会社RWEと共に，イギリスでの原子力発電を行うジョイントベンチャー企業を設立しましたが，2012年には財政的な問題でこの計画から撤退しています。以上のようにエーオンが発足してから約10年間は，買収などで市場を拡大させる戦略を取っています。

しかし図表6-4に示されているように，2010年代の利益は低迷しています。これはエーオンの欧州市場拡大というビジネスモデルが，2010年代には機能しなくなったと解釈できます。ドイツは，元より電力供給に占める原子力発電の割合が低い国でしたが，2011年頃より原子力からの脱却と再生可能エネルギーへの転換を加速させました。しかし，このドイツのエネルギー政策転換へのリアクションが，エーオンは遅かったといわれています。火力発電を中心とする

電力供給から風力・太陽光発電による電力供給への切り替えが遅れたのです。

　そして2016年以降，エーオンの組織の再編が始まります。まず2016年には，火力・水力・原子力発電事業を分社化し，Uniper（ウニパー）を設立し，2017年にフォータムに売却します。しかしウニパーは，ロシアとウクライナにおける地政学リスクの影響で2022年に国有化されました。2019年には，RWEとの間で事業再編が行われました。最終的にエーオンは，RWEに再生可能エネルギー事業を全て譲渡し，その代わりRWEの配送電事業と電力小売事業を譲渡されたのです。ここでもM＆Aによる経営資源の集中による効率性の向上やシナジー効果が期待されています。

◆　フランス電力

　図表6-4中のグレーの破線で示されたフランス電力の利益は，22年間を通じて，比較的安定していました。その理由は，1）フランス政府が主要な株主となっていること，2）フランスが，燃料価格の変動の観点から，比較的安定して電力を供給できる原子力発電を早い時期から行ってきたこと，が挙げられます。しかし2022年に突然，大幅な赤字に転落しています。この赤字転落の原因は，原子力発電施設における問題が重なり，稼働停止や運転再開が不可能になったことに端を発します。その結果，フランスは長年，電力を輸出していた立場から輸入する立場に追い込まれ，地政学リスクの影響で価格が上昇していた電力を購入して，フランスの消費者に供給することになりました。フランスはドイツよりも再生可能エネルギーへの転換が遅れており，フランス電力の今後のビジネスモデルが不透明になったことから，2023年にフランス電力は完全国営企業となりました。

◆　フィンランドのフォータム

　図表6-4中の黒の実線で示されたフォータムの利益も上記の期間を通じて安定的に推移していましたが，2022年に赤字となりました。この原因は，先述の子会社ウニパーの業績悪化の影響でした。フォータムはフィンランド政府が主要株主となっており，長年，北欧諸国，バルト三国，ポーランド，北西ロシアに電力を供給していました。しかし2021年にバルト三国のビジネスを売却し

ました。

　また2023年にはフォータムのロシアにある設備がロシア政府に移転されるという事件が起こっています。ヨーロッパ諸国での地政学リスクのビジネスへの影響で経営はまだ不透明となっていることが推測できます。その一方で，原子力発電の運営で良好な実績のあるフォータムは，2022年に，東京電力と原子力安全の向上などの原子力分野に係る情報交換協定を締結しており，新たなビジネスの展開も模索しています。ヨーロッパでの地政学リスクをビジネスチャンスに変えるという発想は，日本の電力産業も参考にすべきではないでしょうか。

◆　イタリアのエネル

　図表6-4中のグレーの実線で示されたエネルの利益の推移も変動しています。国営会社であったエネルは1999年以降，民営化されましたが，現在もイタリア政府が，黄金株を含むエネルの株式を保有しています。世界各国で電力会社を所有しており，発電所の運営も行っています。特にチリ，ブラジルなどのラテンアメリカ諸国でビジネスを展開しています。そのため2019年に公共料金の値上げを機に起こったチリの暴動では，サンディエゴにあるビルが，放火されるという被害に遭いました。

　2008年には，再生可能エネルギーにより発電を行うエネルグリーンパワー社を設立しており，2030年までに700億ユーロを投資し，再生可能エネルギーの拡大を目指しています。エネルは資源の乏しいイタリアの企業である特徴を活かし，4社の中では，エネルギー転換への対応と効率的なグローバルネットワークの形成に成功している企業だといえます。第2章の多国籍企業論で解説したトランスナショナル企業あるいはメタナショナル企業に相当するのではないでしょうか。

ケースに学ぶ

ドイツの建築物エネルギー法

　環境大国であるドイツでは，2020年に建築物エネルギー法が制定されている。その目的は，建築物での自然エネルギーの利用拡大を通じて，最も効率的なエネルギー利用を達成することと，ドイツの気候政策の目標達成に貢献することである。新築には「最も低エネルギーの建築物」の建築が義務づけられている。その内容は，①年間のエネルギー需要の合計が基準値（2018年9月の値に準拠して決定）の75%を超えない，②冷暖房時のエネルギー損失が構造上の断熱によって回避されていること，③冷暖房エネルギーの需要の一部が太陽熱，地熱・環境熱，バイオマスなどの自然エネルギーの最低限利用割合（15%−50%）以上でまかなわれること，となっている。既存建築物の改修に当たっても数値による基準が設けられており，その環境に対する取り組みが徹底していることがわかる。そして新築時，改修時，所有者・利用者の変更時にエネルギー需要証明書と消費証明書の2種類のエネルギー性能証明書の発行を義務づけている。

　2020年に新築したドイツ人の友人によると，太陽熱による暖房エネルギーの節約，そして断熱を兼ねた大きな窓ガラスが1枚約350kgもあるため，7人掛かりで運搬したとのことであった。地熱を利用する技術も進化し，友人は地表から120mほどからの地熱を利用する設備を敷設し，冬期でも10度程度の水が供給可能とのことであった。しかしその後，地下200mを超える地熱を利用する設備となり，冬期でも約17度の水が供給されるようになったとのことであった。さらに家の外壁には電気自動車を充電する2台分の充電ソケットが装備されているとのことだ。ちなみに友人は現在，ガソリン車に乗っているが，将来に備えてのことだと述べていた。

　ドイツ政府は2006年から2020年までエネルギー効率を高めるため，600万戸の新築・改修に財政支援を行ってきた。そして2020年以降は「効率的な建築物のための連邦資金（BEG）」として財政支援を行っている。

2020年に建てられた建築エネルギー法に準拠したドイツの家。
正面の壁にEV用充電プラグが設置されている。

══Somo教授のTutorial══

ハーバード学派とシカゴ学派

Jeanne ：インフラ産業には独占的にビジネスを展開していたり，市場支配力を持った企業があるように思えますが，政府による規制や介入は必要ないのでしょうか？

Somo教授：そもそも独占企業の定義は，「市場全体の需要を1社で供給している企業」ですが，営利企業の中にそのような企業はほとんどありません。市場支配力とは，市場において競合他社の行動を無視して価格設定を行ったり，数量制限を行ったりできる企業で，産業によっても国によっても，企業の市場支配力の判断はさまざまです。

Jeanne ：でも企業に独占力や市場支配力があると判断されると，市場での競争は必ず阻害されるのでしょうか？

Somo教授：必ずしもそうとは限りません。アメリカの2つの名門大学を中心とする研究者達が独占企業を規制することについて違った見解を示しました。
ハーバード学派とシカゴ学派です。

Jeanne ：シカゴ大学は多くのノーベル経済学者を輩出していますね。

Somo教授：そうですね。最初に不完全な競争市場や個別の産業における具体的な企業の行動を分析したのが，ハーバード学派の研究者達でした。大規模独占であっても"有効競争"であれば必ずしも問題でないとしました。そして企業のパフォーマンスはその企業が属する市場構造により決定されるというS（構造）－C（行動）－P（成果）パラダイムという仮説を提示しました。つまり市場構造がより競争的であればあるほど，企業のパフォーマンスによって経済全体が望ましい状態になるために，独占的市場を批判しました。結果的にアメリカにおける独占禁止法である反トラスト法の重要性を提言することになったのです。

Jeanne ：ハーバード学派は，競争的な市場を形成するためには，反トラスト法を積極的に運用すべきであるという主張ですね。

Somo教授：そうですね。しかし1960年代以降にハーバード学派の主張に反対を唱えるシカゴ学派が台頭してきました。シカゴ学派は，独占の程

度を示す集中度の高い産業で企業の利潤率が高くなるのは，企業間の共謀のためであるというハーバード学派の考えを否定します。そして集中度の高い産業で，利益率が高くなるのは，産業において効率性の高い企業が生き残っているため，高い利益と成長をもたらすという「効率性仮説」を提示し，理論モデルと実証分析によって，この仮説を証明しました。

Jeanne ：ということは，シカゴ学派の主張に従うと，反トラスト法の運用はどうなりますか？

Somo教授：反トラスト法によって，企業を分割したり，企業間の合併を阻止したりすることの積極的意味が失われます。現在の企業の利益が高いのは，企業が効率的な経営を行った結果であり，企業の自由な活動を反トラスト法により，過度に制限すべきではないという主張になりました。

Jeanne ：独占的な産業構造や市場支配力を持つ企業行動が必ずしも社会にとって悪くないという解釈もできるのでしょうか。

Somo教授：その通りです。現在の独占的な状況は，企業が競合他社と競争し，最も効率的な経営を行った結果であると解釈できるため，単に少数の企業で産業が独占されていても，それだけの理由では規制の対象とはならないと考えられます。シカゴ学派の学説は，1980年代のアメリカにおける「政府の介入を最小限にする」という経済政策にも影響を与えることになります。

Jeanne ：EUの市場統合の中でも，M＆Aや契約内容が，EU域内の競争を制限するかどうかが問題になりますが，学説が違えば，競争や独占の解釈やその政策的含意が違うのは大変興味深いです。今後のEUの市場統合の動向にも注目したいです。

ヨーロッパの街角で

Tallinn
（タリン）

　第1章にも登場したエストニアのタリンには，2002年の夏に旅行で訪れた。タリンにはストックホルムからプロペラ機で向かった。なぜ旅行先をエストニアにしたのかははっきり覚えていない。「世界で活躍するファッションモデルには，エストニア出身者が多い！」と聞いたことが影響したのだろうか。タリンの街は，中世の面影が色濃く残り，美しいオレンジ色の屋根が印象的だった。城壁の一部を改装したレストランでは，スカンジナビア名物のトナカイの肉料理をいただいた。タリンの街では，オペラハウスも改築中で，これといった観光スポットもないようだったので，エストニアに点在する島の1つ，Vormsi島に出かけ，レンタサイクルで島中を駆け抜けた。森の間には牧場や湿地帯があり，水鳥の声が聞こえてくる。島の端まで辿り着くと，急に視界が開け，太陽を反射した海が広がっている。いたるところに廃墟とも建設中とも区別のつかない建物が点在している。タリンに帰る途中，Haapsaluという街の公園で休んでいると老婆が声を掛けてきた。私が日本人だと告げると，片言の英語で，日本の映画について話してくれた。「KOMAKIという女優が，とても綺麗だったわ。日本の女性は皆，あんなに綺麗なの？」栗原小巻さんのことだろうと勝手に想像していたが，結局，映画のタイトルは出てこなかった。これが私にとってのエストニアの風景である。今思うと，2002年の夏は，エストニアでEU加盟の国民投票が行われる1年前であったが，そんな気配は何も感じなかった。EU加盟から，20年が経った2023年のエストニアの一人当たりGDPは，日本のGDPとほぼ同じ水準となった。再びエストニアに訪れて，EU加盟のインパクトを肌で感じてみたい。

タリンの街並み

本章のまとめ

　エネルギー産業では，M＆Aが積極的に行われています。そしてEUの環境政策や各国の政策を反映したビジネスが，大企業によって展開されています。地政学リスクの影響を受け，業績が悪化し，将来の見通しがつかない企業は国有化という選択も取っています。

参考文献

ジスラー・ロマン　石田雅也「電力会社に迫る変革の波―欧州が先行する新時代の戦略―」自然エネルギー財団　2017年10月.

TotalEnergies Press releases
　https://totalenergies.com/media/news/press-releases/electricity-totalenergies-fully-acquires-total-eren-after-successful

第7章 インフラ産業

―民営と国営，どちらが望ましい？―

インフラ産業として，通信と交通産業を中心にその産業構造と経営について学習します。通信・交通関連企業は国営企業が民営化されたケースが多く，規制産業と呼ばれています。独占的な企業を規制する仕組みや競争を促進させる政策について解説します。またコーポレートガバナンスの観点から民営化企業の特徴と資本主義の限界について考えます。

1 通信・交通関連企業のパフォーマンス比較

インフラ産業として通信・交通関連企業を取り上げていきます。第6章では，石油・ガス・電力関連企業について取り上げましたが，現代社会の社会インフラとしては通信と交通の方が，われわれの普段の生活に密着している産業ではないでしょうか。一般消費者へのサービス内容も多彩であることから，広報やカスタマーサービスが企業の戦略として重要となっています。

ヨーロッパの通信・交通関連企業のサービスは，日本ではあまり馴染みがないかもしれませんが，グローバル化が進展する中でヨーロッパにおけるインフラ産業の再編が行われていることも事実です。

◆ ヨーロッパ企業と日本企業の比較（通信・交通関連産業）

ヨーロッパを代表する通信・交通関連企業4社と日本のNTTのパフォーマンスを比較します。そして4社のビジネスの推移を紹介し，EUの市場統合との関係について解説します。図表7-1は，ドイツテレコム，デンマークのA.P.Moller-Maersk（モラー・マースク），イギリスのVodafone（ボーダフォン），フランスのOrange（オレンジ），そして日本のNTTのパフォーマンスを

示しています。モラー・マースクのみが主に海上輸送を行う企業で，それ以外
は通信事業を展開している企業です。図表中の数値の計算方法や解釈に関して
は，第6章にまとめているので参照してください。

図表7-1 ▍通信・交通関連企業のパフォーマンス比較（2022年）

会社名	ドイツテレコム	モラー・マースク	ボーダフォン	オレンジ	NTT
本社所在国	ドイツ	デンマーク	イギリス	フランス	日本
設立年	1995年	1904年	1948年	1962年	1951年
売上高（百万ドル）	126,539	81,848	59,599	47,243	98,413
従業員数（人）	206,759	104,260	98,103	136,430	338,651
利益（百万ドル）	12,482	30,231	4,141	13,937	13,618
労働生産性（千ドル）	161	358	207	105	no data
株主資本比率（%）	29.24	69.42	41.46	24.24	36.95
株主資本利益率（ROE）（%）	13.40	46.49	19.88	11.11	19.44
固定費用率（%）	83.83	47.85	69.32	89.35	79.44
グッドウィル率（%）	17.40	6.36	50.39	52.18	9.77
子会社率（10,000%）	0.93	11.72	6.43	10.84	3.57

出所）Moody's社のデータベースOsirisより抽出したデータに基づき筆者作成

　売上高では，ドイツテレコムが最も高く，2位がNTTとなっています。従
業員数ではNTTがトップ，ドイツテレコムが2位で，規模に関しては，これ
ら2企業が通信業界のトップとなっています。利益，労働生産性，ROEなど
収益・効率性が最も高いのは，モラー・マースクです。主に海上輸送を行う企
業で，子会社率も高くなっています。そして他の通信関連企業4社と比べて固
定費用率とグッドウィル率が低くなっていることも特徴として挙げられます。
グッドウィル率は，一般消費者に対して携帯電話サービスを展開しているボー
ダフォンとオレンジが高いことがわかります。

◆ デンマークのモラー・マースク

　モラー・マースクはデンマークの会社です。そのロゴから同社の船はBlue Fleetと呼ばれています。コンテナに描かれた水色の星状マークを日本でも見かけることがあるでしょう。海上輸送の長い歴史を持つ企業で，海上輸送では世界トップのシェアを占めています。1975年から現在の主力となっているコンテナ船を導入し，アジア地域にも子会社を設立しました。1999年以降，次々と大手海運業社を買収し，規模を拡大させました。2002年度以降は，グループ会社であったアメリカのマースク・インク社やマースク・パナマ社，マースク・サウスアメリカ社を実質的な子会社として扱い，海外における関連会社の損益を含めて決算報告を行っています。図表7-2はモラー・マースクの2002年－2022年の売上高と運輸能力を表す運搬設備の推移を示しています。

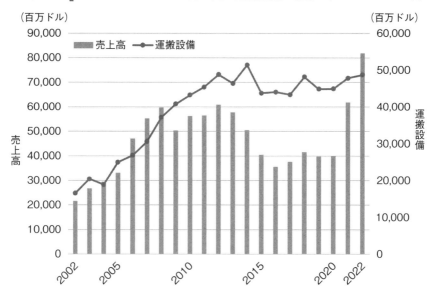

図表7-2 モラー・マースクの売上高と運搬設備の推移（2002－2022年）

出所）Moody's社のデータベースOsirisから抽出したデータに基づき筆者作成

第7章　インフラ産業　125

　図表7-2から，2015年から2020年頃は多少，低迷していますが，モラー・マースクは売上高と運輸能力を徐々に拡大させていることがわかります。20年間で売上高は約3.8倍，運搬設備は約3倍になっています。2002年以降の大きなM＆Aは，2006年と2016年に実施されています。これらのM＆Aによる直接的な売上高や運搬設備の増加は，データからほとんど確認できないため，マーケットシェア，世界トップのモラー・マースクの売上高や運搬設備の拡大は，EUの市場統合の進展とともに，貿易量が拡大したことを反映しているといえるでしょう。

◆　ドイツテレコム

　ドイツテレコムは，ドイツの国営企業が分割民営化されて誕生した企業です。第3章のコーポレートガバナンスの説明の際に株主構成を示しましたが，現在のドイツ政府や公共機関が株を保有している半官半民企業です。NTTと同様，固定系電気通信事業者であり，携帯電話サービス，インターネットサービスを提供しています。2009年には，フランステレコムと合弁会社EEを設立し，イギリスの携帯電話事業に参入しましたが，2016年にBT（ブリティッシュテレコム）に売却しています。

◆　イギリスのボーダフォンとフランスのオレンジ

　ボーダフォンは，一時期，日本市場にも参入し，携帯電話サービスを提供していた多国籍携帯電話事業会社です。ヨーロッパ全域だけでなく，アジア，中東，アフリカ地域にも子会社あるいはパートナー・提携企業を有し，サービスを提供しています。日本では2001年にジェイフォンを傘下に置き，2006年にソフトバンクに買収されるまでボーダフォンのブランド名でサービスを提供していました。

　オレンジは，フランステレコムがイギリスの携帯電話会社Orangeを買収した後に，携帯電話サービスのブランド名を2006年に社名に変更しました。携帯電話事業以外にも固定電話事業とインターネットを通じた放送事業も展開しています。携帯電話事業者としてのOrangeの知名度はヨーロッパでは高く，フランステレコムからオレンジへの社名変更は，ブランド力と消費者認知度を高

126　PART 2　産業別ヨーロッパ企業の比較

める効果をねらったものだったのでしょう。

　もともとイギリスのOrangeは，1999年にドイツの通信・鉄鋼会社Mannesmann（マンネスマン）社に買収されました。そして2000年にはボーダフォンが，マンネスマンに対して敵対的買収を行いました。ところが，このボーダフォンのマンネスマン買収により，携帯電話事業免許を二重に保有することがEU規制に反することとなり，ボーダフォンはOrangeを切り離すことになったのです。

　このようにM＆Aをめぐる問題がEU域内では起こっています。M＆Aは適正な競争を阻害したり，消費者の利益を損ねる可能性も持っているために規制が必要になってくるのです。

2　国営企業と民営化企業

　インフラ産業では，国営企業が民間企業に移行することが，1980年代以降，増加しました。国営企業とは基本的に，政治家と官僚によって経営されます。黒字経営の場合は国の収入となる一方で，赤字の場合は国の支出となり，国民からの非難の対象となることもありました。イギリスの元首相サッチャー氏による「小さな政府」という言葉に代表される改革は，国営企業を民営化する政策も含みます。日本では国営企業であった鉄道，通信，たばこ，郵便事業などが民営化されています。しかし，近年，民営化された企業が再国営化されるケースもみられます。現在，ヨーロッパのインフラ産業には，国営企業，民間企業，そして半官半民企業が共存しています。社会的インフラストラクチャーを供給するためには，一体どのようなガバナンス構造が望ましいのでしょうか。

◆　あいまいな国営企業

　国営企業と民間企業の違いは，会社の所有者の違いにあります。国営企業の所有者は政府や公的機関，民間企業の所有者は民間企業または民間人です。国営・民間企業という日本語の表現は，企業形態の説明として正確ではありませ

ん。所有権に関して企業を分類するなら，意味的には，国営企業ではなく「国有企業」，民間企業ではなく「民有企業」とすべきです。コーポレートガバナンスについて学習した際には，株主には公的機関と民間機関の両方が存在している企業がみられました。つまりヨーロッパを代表する企業の中には，完全に国営でもなく，完全に民間でもない半官半民企業がかなり存在しています。

またフランスのコーポレートガバナンスの特徴は，「エリートと官僚による経営」でした。つまり，主要株主が，民間企業や民間人であっても，実際の経営には官僚が関わっているような場合もあるので注意が必要です。このように所有権上では，国有企業，民有企業，半官半民企業[1]と分類できる一方で，これらの企業の経営の特徴を示すのは，容易ではありません。以下では，インフラ産業において民営化が推進された根拠となる議論を紹介し，民営化の結果，インフラ産業に起こった変化について検討します。

国営企業が，民営化され民間企業になると，企業の業績が改善するという議論があります。しかし先ほど述べたように，株主の構造が変化するだけでは，企業の効率化や収益の向上は達成されないでしょう。このような議論の背景には，「国営企業は，労働生産性の低い公務員によって経営されており，倒産の危機もなく，他社との競争もないので収益をあげる必要がない」あるいは「民間企業とは，経験のある労働生産性の高い経営者と労働者によって経営され，常に倒産の危機に瀕し，他社との競争もあるので高い収益をあげることができる」という考えあります。実際にそのような状況は存在するかもしれませんが，常に民間企業の方が，国営企業よりも収益性が高いということはできません。そして「国営企業に競争がない」ということではなく「国営企業によって独占する必要がなくなった」という状況こそ，民営化を行う根拠となるのです。

◆ 規模の経済性と民営化

第4章の**図表4-3**で示した「規模の経済性」を用いて民営化を行う根拠を説明します。

第4章では，生産量がQYより少ない場合は，規模の経済性があり，QYよ

---

1 本章では，国営企業を，公的企業（public company），もしくは国が100％株式を所有している企業の意味で用いる。また民間企業は，私的企業（private company）と同義として用いる。

り多い場合は，規模の経済性は働かないという説明をしました。これは生産者側の状況を示していました。実際には企業の生産量は需要量によって決定されます。つまり，需要量が多いか少ないかによって，規模の経済性が存在するかどうかが決まります。

◆ 自然独占

図表7-3では需要曲線がBの場合，規模の経済性がありますが，需要曲線がDの場合はありません。需要がB曲線で示される場合は，企業が1社によって生産する方が，安いコストで生産できるため，独占による供給が望ましくなります。このような市場あるいは産業の状態を「自然独占」といいます。その一方で，需要がD曲線の場合は，1社で生産するよりも2社以上で生産する方が，需要に見合う生産を行う際に，コストが安くなる場合があります。それは，ある企業がQY以下で生産を止め，残りの需要を別の企業が生産することで，それぞれの企業の生産コストが低く抑えられるからです。

以上の状況をまとめると，需要曲線がBからDという状況に変化した際に，1社による独占ではなく，2社以上で供給することで消費者にも企業にも望ましい状況が生まれる可能性があります。つまり需要が増え，産業が自然独占の

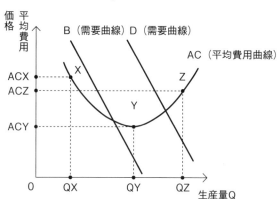

図表7-3 ｜ 自然独占と需要曲線

出所）筆者作成

状態から抜け出た場合に，産業には新規の企業が必要となります。1社による独占企業は，国営企業であることが多いため，他の企業を参入させる措置として民営化政策が必要となるのです。この場合，既存の独占企業を，民営化させる必要はないのですが，新たに参入してくる民間企業との公平な競争を促進させ，効率化を図るために民営化が行われるケースが多くあります。以前は規模の経済性が存在していたインフラ産業で，需要が高まり，技術の進展で固定費が小さくなった場合は，民営化が行われやすい状況だといえます。

インフラ関連企業が国営の独占企業であることには他の理由もあります。それは，インフラ産業が国家の経済の基盤となり，他の経済活動への影響が大きいためです。国が直接管理し，国の利益を最優先させるような経営が望まれるからです。しかし，このように国家が独占企業を経営するという考え方は，自由主義や競争原理に基づく企業経営の在り方ではありません。

本来は，「人々が国家や権力の規制を受けずに，自由に経済活動を行うことが社会全体にとっても望ましい」という考え方に基づき，企業活動も行われているのです。つまり国営企業の存在は，自由市場経済の枠組みでは例外的に認められるべきものということになります。自然独占の状態にない場合は，国営企業は完全に民営化されることが望ましいはずですが，市場が上手く機能するには時間がかかることを理由に，経過的な措置として，さまざまな制度的，法的な措置が必要となります。

◆ 再国有化と半官半民企業

EUの市場統合が進む中で，インフラ産業の民営化も進められてきました。「域内での自由競争」というコンセプトは，民営化政策と矛盾するものではありません。しかし先述のように，多くの企業が半官半民企業となっていたり，一度民営化された後に再び国営企業になった例もありました。多くの理由が考えられますが，以下には2つの理由を示します。

1つ目は，インフラ産業が，現在もしくは将来的に，自然独占から脱却するという判断に誤りがあったということです。**図表7-3**で自然独占の状態を示しましたが，実際には需要曲線や平均費用を正確に測定することは困難です。さらに新規に参入してくる企業が，既存の企業と競合できるかどうかも定かで

130 PART 2 産業別ヨーロッパ企業の比較

はないのです。経済学ではよく「同質的な企業」が存在する状況を想定して，議論が展開されますが，現実の世界には同質的な企業は，存在しません。さらには企業の潜在的能力や市場の構造も分かっていないことが多いのです。つまり自由な市場で企業間の競争を促進させるメカニズムを作ることを目指しても，正確かつ十分な情報がない場合があり，妥当な制度や法律を設計すること自体にも限界があります。

　2つ目は，国営企業を完全に民間企業に移行することが国民の利益と一致していないということです。これは，国営企業の目的と民間企業の目的が違うことから生じます。国営企業は国の利益，すなわち国民の利益のために存在しますが，民間企業は，基本的に民間の株主の利益のために存在します。これらの利害を調整することが必要ですが，政府や国民にとっては，民営化後，自分たちの利益が低下したことが受け入れられない状況もあります。コーポレートガバナンスの目的であるステークホルダー（利害関係者）の利害の調整に失敗している可能性があるのです。

　以上の議論をまとめると，現在のインフラ産業における半官半民企業の存在や，再国有化の動きが，なぜ起こっているのかが，推測できるのではないでしょうか。半官半民企業というのは，まさにステークホルダーの調整という問題を株主間の利害調整の問題に置き換えている企業のことであり，新たなコーポレートガバナンスの仕組みが必要となります。そして民営化した企業の経営状況や市場の状況が不透明であるため，安定を図る措置として，半官半民企業は存在するのです。

　半官半民企業の特徴は，国（政府）が株主として残留することで，国民の利害や政策の目標を経営に反映させながら，株主の利益の最大化を達成することです。現代の株式会社は，民間企業であっても，ステークホルダー全体の利害を調整する必要がありますが，半官半民企業は，株主のみの利害に集中していても，コーポレートガバナンスの目的が達成されやすいことや，資本構造も安定していることから長期の計画が立てやすくなるというメリットがあります。しかしながら株式会社である場合は，利益の最大化が図られており，国営企業と比較すると，消費者の利益は反映されにくくなります。例えば価格を上げ，質を低下させることで利益は増えますが，消費者の利益は，低下するでしょう。

また公平な競争状態が確保できず，独占的な半官半民企業がサービスを提供し続ける場合は，国営企業よりも消費者の利益が搾取される状況もあるのです。

EU経済圏においては，半官半民企業によって，さまざまな社会的基盤が提供されています。以上で議論した競争や独占に関する問題について具体的な産業を取り上げて検討します。

3　ドイツ郵政事業とイギリス鉄道事業の民営化

ヨーロッパのインフラ産業の民営化改革の影響について考えるために，ドイツの郵政事業とイギリスの鉄道事業の民営化の経緯を説明します。特にドイツの郵政事業では，EU域内の統合された市場でのビジネスについて考えます。ドイツの郵政事業は日本の郵政事業が民営化される際にモデルとされました。

当時の日本ではドイツ郵政事業の民営化は成功事例として紹介され，日本で郵政民営化を推進するプロパガンダにも利用されていました。しかし民営化後の郵政事業における経営方針は，ドイツと日本ではかなり違っており，ドイツでは金融システムの再編とも関係しています。

一方で，イギリスの鉄道事業の民営化は，最初の段階から日本における国鉄民営化とは一線を画していました。イギリス経済が優先してきた競争を促進する複雑な規制のシステムと市場経済や資本主義経済に内在する問題について考えます。

◆　ドイツの郵政事業の民営化

ドイツの郵政事業の改革は，1995年にドイツ連邦郵便という国営会社が，ドイツテレコム，ドイツポスト，ポストバンクに分割されたことがターニングポイントでした。その中で郵政事業はドイツポストが担うことになります。設立当初はドイツ政府がすべての株を保有していました。そして2000年に上場し，株式の29％を民間に売却しました。この間，ドイツポストはポストバンクの買収や文房具チェーン店の買収など国内の郵便を含むネットワークの整備を行い，

132　PART 2　産業別ヨーロッパ企業の比較

国際化に向けた準備を行っていました。1998年からは国際郵便大手のDHLへの資本参加をはじめ，2002年にDHLを完全子会社化しました。それ以外の主な買収と株式構造の変化は**図表7-4**の通りです。

図表7-4 ▌ ドイツポストのM＆Aと株式構造の推移

```
1999年　スイスの大手ロジスティクス企業，ダンザスを買収
1999年　アメリカの大手フォワーダーAEIを買収
2000年　イギリス第3位の国際郵便事業者Herald International Mailings社を買収
2001年　ドイツ連邦カルテル庁は，Trans-o-flex社の買収禁止を決定
2002年　ドイツ復興金融公庫（KfW）に政府の所有する株を売却
2002年　オランダの宅配サービス会社Interlanden社の株式の過半数を買収
2003年　イタリアの小包配達会社Ascoli S.p.Aを買収
2003年　アメリカのエアボーン社の買収
2004年　イギリスのスピードメール社を買収
2004年　ポストバンクの株式の一部を売却
2005年　イギリスのロジスティクス会社Exelを買収
2008年　ポストバンクの株式29％をドイツ銀行に売却
2012年　ポストバンクの株式を全てドイツ銀行に売却
2016年　UKMailを買収
2022年　ドイツの液体・化学物質などの輸送会社Hillebrandを買収
```

出所）ドイツポストのホームページとアニュアルレポートより引用した資料より筆者作成

　2022年時点でのドイツポストの株主構成は，国営のドイツ復興金融公庫（KfW）が21％，ドイツポストが3.2％，ノルウェー銀行が3.1％となっています。民間の機関投資家も株式を所有していますが，割合はそれほど，高くありません。民営化されたインフラ関連企業の中では所有と経営の分離の程度は，比較的高い企業といえます。

　ドイツ政府が株を売却した背景には，ドイツ政府の財政赤字を減らす目的があり，ドイツポストのコーポレートガバナンスの刷新を図ることが優先ではありませんでした。結果的に企業は，国営企業に後戻りできない状況にあり，収益性の改善に向けて，積極的なM＆Aを行い，グローバル化を加速させていることが，図表7-4のイベントからも確認できます。その一方で，政府から買収したドイツ国内のリテールバンキングサービスを行うポストバンクをドイツ

銀行に買収し，経営の効率化を進めました。

ドイツ銀行は商業銀行として企業を顧客としており，消費者向けのサービスを強化する狙いがありました。ドイツにおける銀行再編や金融システムの改革にも影響を与える大きなイベントでした。ドイツポストは，成長の機会をドイツ国内ではなく，他のEU諸国や海外に求めたことも，一連のイベントから分かります。

◆ グローバル戦略の加速化

図表7-5は，ドイツポストの2022年の地域別売上高割合を示しています。ドイツ国内の売上高割合が，ドイツ以外のヨーロッパ地域だけなく，アメリカ大陸の売上高よりも小さくなっています。そしてアジア・太平洋地域ともあまり差がありません。2009年以降は，グループブランド名を"ドイツポストDHL"に変更，2023年には社名を"DHLグループ"としたことからも，DHLによる国際郵便が主要なビジネスとなっています。

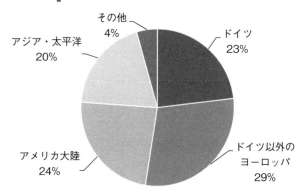

図表7-5 ｜ ドイツポストの地域別売上高割合（2022年）

出所）Moody's社のデータベースOrbisより抽出したデータに基づき筆者作成

ドイツポストの前身である国営の連邦郵便は，国内の消費者向けにビジネスを展開していましたが，ドイツポストはインターネットの普及による郵便事業自体の縮小化を克服する新たなグローバルビジネスを展開していました。

134　PART 2　産業別ヨーロッパ企業の比較

その一方で，2001年，ドイツ連邦カルテル庁は，ドイツポストによるヘルスケアの物流会社Trans-o-flexの買収を禁止しました。理由は，買収が成立すれば，ドイツ国内での競争が阻害され，消費者に不利益が生じる可能性があるためでした。ドイツポストのグローバル戦略は，国内では，他社との競争を維持させながら，収益性を改善させる戦略でもありました。ドイツポストのビジネスモデルが可能になった背景には，半官半民企業として，政府の資本的サポートの下，長期的かつ巨額の投資が必要なビジネスが計画できたことや，市場統合を進めるEU経済圏で競争を促進させる方針があったことなどが挙げられます。

ドイツポストのようにEUの単一市場の下で，新たに登場した半官半民企業にとって，クロスボーダーM＆Aは，収益性や成長性の向上に直接結びつく戦略です。しかしクロスボーダーM＆Aで巨大化した多国籍企業は，最終的にはさまざまな市場で独占力を行使するようになる危険性もあります。一国レベルや産業レベルでの競争ではなく，EUレベルやマルチ産業レベルでの競争を視野に入れたM＆A実施に関する基準が，今後，求められるのではないでしょうか。

◆　イギリスの鉄道事業の民営化

イギリスの鉄道事業は長い歴史を持っています。実際に世界で最初の蒸気機関車はイギリスで誕生しました。1825年には，世界初の鉄道サービスもイギリスで開始されました。その後，私鉄会社の所有する鉄道網により，地域独占的な競争が展開されました。そして1948年に私鉄企業が統合され国有鉄道のBritish Railwaysが発足します。先述の通り，イギリスではサッチャー元首相の下，1980年代よりさまざまな事業で民営化が進められましたが，その中で，鉄道事業の民営化は遅く，1994年に始まりました。

British Railwaysは解体され，多くの企業や組織が出現しました。最も巨大な組織がRailtrackという株式会社でした。この会社はBritish Railwaysの線路，駅，発電施設，信号施設などの鉄道インフラをすべて継承しました。そしてその鉄道インフラを使用して鉄道サービスを提供する会社Train Operating Companies（TOCs）が，多数参入しました。そしてこのTOCsとフランチャ

イズ契約を結び，実際に旅客サービスを行うフランチャイジーが存在します。Rolling Stock Leasing Companies（ROSCOs）は車両を保有，整備し，フランチャイジーに車両をリースしています。民営化当初，TOCsは25社あり，イギリス全土で操業を開始し，競争を展開しました。

　このようなイギリスの鉄道事業の民営化は，日本の国鉄民営化とは，一線を画しています。違いは明らかですが，日本では，旅客運営会社であるJR各社が鉄道インフラも車両も所有しているのに対して，イギリスではTOCsは所有していないのです。TOCsは，Railtrackに対してアクセスチャージという駅や線路にアクセスするための使用料を払う必要があります。

　Railtrackが適正な鉄道インフラ維持と管理を行い，TOCsが公正な競争下で，質・量とも適正なサービスを適正な価格で提供しているかどうかは，複数の規制当局によって監視されています。そして電車の遅延やキャンセルなどに基準を設け，一定の基準を満たさない場合には課徴金を支払い，満たした場合はGrant（交付金）を受け取る仕組みを作りました（図表7-6中のインセンティ

図表7-6 ┃ イギリスの民営化後の鉄道事業の概念図

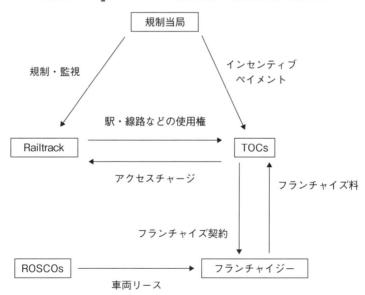

出所）筆者作成

136　PART 2　産業別ヨーロッパ企業の比較

ブペイメント）。

　このように複雑な規制の仕組みと複数のプレーヤーによって成立した民営化直後のイギリス鉄道事業では，運賃は下がり，多様なサービスや商品が供給されるようになりました。電車の発着が遅延したり，キャンセルが増えた状況も報告されましたが，政策的に企業間の競争が創出された事例として捉えることができます。**図表7-6**には，イギリスの鉄道事業の民営化直後のシステムの概念図が示されています。

◆　鉄道事故と資本主義の限界

　ところが，この民営化された鉄道システムで，大きな問題が発生しました。1997年に西ロンドンのサウスオールで，高速列車と貨物列車が衝突し，死者7人，負傷者約150人という大事故が発生しました。その原因は，信号の見落としだと判断されました。信号の見落としは，Signal Passed at Danger（SPAD）と呼ばれ，運転手のみに責任があるように思われますが，実はそうではありません。というのもSPADが起こった場合に，警報器が鳴るシステムAutomatic Warning System（AWS）が故障しており，事故当時に作動しなかったのです。また民営化後，運転手や信号係に適切な訓練がされていなかったことも指摘されました。

　1999年には，ロンドンのパディントン駅からすぐの所で列車が衝突し，31人の死者と425人の負傷者を出すイギリス鉄道史上最大の事故の1つが発生しました。この事故の原因も先ほどのSPADでした。この事故の起こる前の6年間で67件のSPADが確認されており，信号機器の整備が必要であったにも関わらず，行われていなかったことが判明しました。そして2000年にはハットフィールドに近い場所で脱線事故があり，4人の死者，34人の負傷者を出しました。その脱線の原因はレールに入っていたひび割れでした。このひび割れの存在は，事故の起こる1年以上前から報告されていたにも関わらず，整備は行われていませんでした。

　一連の事故の結果，Railtrackは財政破綻し，国有化されることになりました。これらの事故の原因は，民営化される際に人員が大幅に削減されたことや，Railtrackが適切な投資を行わなかったことだといわれています。しかしなが

ら多数の民間の株主を持つ株式会社であったRailtrackが株主の利益のために経営するのも当然のことです。株主にとって魅力的であるためには労働生産性を向上させ，利益を増やすべきであるのはいうまでもありません。それは，鉄道の安全性と引き換えに，人員を削減し，投資を抑えることで短期的に達成できたのです。

　イギリスの鉄道事故は，鉄道の安全性を向上させることよりも，株主の利益を優先させたことが根本的な原因の1つだといえます。イギリスの鉄道民営化は，これまで培われてきた経済学や経営学のさまざまな理論を実践させたものでした。そして市場経済で重視される企業間競争を促進することで，短期間で価格を低下させ，サービスの向上を図りました。その一方で安全性や信頼性という測定が困難で，長期的かつ継続的な投資によってしか実現できない必要不可欠なものが疎かにされたのです。イギリスの鉄道民営化の失敗は，資本主義のもつ大きな矛盾を露呈したといえるのではないでしょうか。

ケースに学ぶ

Virgin Group（ヴァージングループ）

　リチャード・ブランソンというカリスマ的経営者によって1970年に設立されたコングロマリット（複合会社）が，ヴァージングループである。

　現在もさまざまなビジネスを展開している。ヴァージン・レコードは，ヴァージングループを一躍有名にしたレコード会社であるが，1992年にEMIに買収され，2012年以降は，ユニバーサル・ミュージックグループのレーベルとして多くの有名なミュージシャンが所属している。また1984年には，ヴァージン・アトランティック航空を設立し，格安航空券やユニークなサービスを，大西洋航路を中心に展開し，成長を遂げた。2012年にはヴァージン・マネーというリテールバンキングを中心とした金融業にも参入した。

　このようにさまざまな業種で新しいビジネスモデルを展開し，成功を収めているヴァージングループが，1997年にTOCであるCross Country，West Coast Trains 2社とのフランチャイズ契約により，鉄道旅客事業に参入した。ロンドン−バーミンガム，ロンドン−マンチェスター，ロンドン−グラスゴー間などで，1日に約300列車を運行し，1年間の運行距離は20億マイルであった。そして日本の鉄道サービスの安全性と信頼性の提供をミッションとして公表していた。参入時点では15年間の契約であったが，最終的に2019年まで列車の運行を行っていた。図表7−7はヴァージン・トレインズの設立直後3ヵ年の収支をまとめている。

図表7-7　ヴァージン・トレインズの収支（1997−1999年）単位：千ポンド

	06/03/99	28/02/98	31/03/97
総売上	672,127	579,405	82,993
旅客サービス	428,714	372,838	42,936
交付金	176,257	176,316	36,506
総費用	635,402	549,531	80,530
アクセスチャージ	230,846	206,111	30,376
車両リース料	149,702	123,908	21,945

出所）9 July 99, Transitおよび3 September 98, Transit

Somo教授のTutorial

規制の理論

Jeanne　：国営企業を単に民営化するだけでは社会的に望ましくない状況になることもありそうですね。それを防ぐためにはどんな点に注意が必要ですか？

Somo教授：民営化企業の特徴を考えると，完全には独占企業ではない場合でも，新しいサービスが提供されたり，供給する組織が変更されたことから，十分に競争が機能していない状況が考えられます。その一方で，民間の企業でありながら，国民経済全体の厚生に結び付くビジネスを行う必要もあります。

Jeanne　：なるほど。一般の営利企業と同じように，市場の価格メカニズムに委ねるだけでは不十分だということですね。

Somo教授：そうです。人為的に競争を促進させたり，社会にとって望ましい経営目標を達成させる必要があります。特に一律に規制するのではなく，企業の効率性をあげる努力を導き出すような規制をインセンティブ規制といいます。代表的な規制方法を2つ紹介します。

プライスキャップ規制

　規制当局が，価格の上限を設定し，その基準価格以上の価格付けができないため，価格競争または，サービスや質での競争を促進させる方法。具体的には，価格の物価上昇率を考慮し，前年度からの価格の増加率などに上限を設定する。

ヤードスティック規制

　経営エリアや商品の種類が違うため，直接的な競争をしない複数の企業のコストを比較し，基準となる標準コストを算定し，そのコストに基づき料金を定める方式。

Jeanne　：人為的に競争を促進させ，効率化を図ることが可能なのですね。

Somo教授：実際のインセンティブ規制には，企業パフォーマンスに関する測定や政策目標の設定が最新の経済状況を反映できていないこと，企業

140 PART 2 産業別ヨーロッパ企業の比較

　　　　　　間での談合などの問題もあります。

Jeanne　　：企業パフォーマンスが，正確に測定できないのは，企業が嘘をつい
　　　　　　たり，都合の悪い情報を隠すからでしょうか？

Somo教授：そうですね。正確には，「嘘をついたら企業が損をするような契約
　　　　　　を企業と規制当局が結ぶために余分なコストがかかる」といえます。
　　　　　　企業に関する情報は，規制当局よりも企業の方が持っているため，
　　　　　　「情報の非対称性」が発生し，規制政策を実施した場合，社会全体
　　　　　　として余計なコストがかかってしまうのです。

Jeanne　　：政策目標が最新でないというのは，経済のことを知らない政治家の
　　　　　　せいでしょうか？

Somo教授：なかなか厳しい指摘ですね。そういう場合もありますが，政策を設
　　　　　　定するには時間がかかります。じっくり時間をかけて，さまざまな
　　　　　　利害関係者の意見も反映して議論した結果，理想に近い政策は実施
　　　　　　されますが，時間をかければかける程，その間に地政学リスクや景
　　　　　　気変動の影響で予期できないような経済状況の変化が起こる可能性
　　　　　　が高まります。そのような経済状況の変化が起こっても，一旦，決
　　　　　　定した政策目標が簡単に変更できない場合，企業はその政策に従う
　　　　　　ことができない可能性も出てくるのです。

Jeanne　　：やはり規制によって競争を生み出すのは難しいということですね。

Somo教授：人為的に競争や市場を作り出し，企業の効率を上げることには限界
　　　　　　があります。やはり競争や市場を上手く機能させる「見えざる手」
　　　　　　の発見が急がれますね。そう言えば，以前，課題にした「見えざる
　　　　　　手」に関するレポートの提出がまだのようですが。

Jeanne　　：・・・・・・

ヨーロッパの街角で

London
（ロンドン）

　私にとってロンドンは，1999年から2001年にかけて，学生生活を送った思い出の街である。

　大学は，大英博物館のすぐ近くにあり，最初の頃は地下鉄で通学していた。ロンドンの地下鉄はTubeと呼ばれ，世界で最初の地下鉄である。老朽化した駅や小さな車両では，本当に息が詰まりそうになることがあった。ロンドンに来て閉口したのは，この地下鉄とホームレスだった。電車や駅，繁華街などいたる所で声を掛けられた。赤ちゃんを抱いたホームレスの女性に，一瞥して立ち去ろうとした時，「この子が死んだらお前のせいだ！」と叫ばれたこともあった。しかしロンドンに来てから半年ほど経つと，ホームレスやキャッチセールスから，声を掛けられることもほとんどなくなった。ロンドンの街に馴染んで来たからだろうか。

　その一方で，ロンドンの生活を彩ってくれたのが，ミュージカルや演劇などの舞台芸術とクラシック音楽のコンサートだった。ミュージカルは，"マンマ・ミア！"，"CHICAGO"，"ノートルダムの鐘"，"ライオン・キング" など，たくさん鑑賞した。音楽コンサートでは，ロイヤルアルバートホールで開催されるPromsというロンドンの夏の風物詩ともいえるイベントに何度も足を運んだ。そしてシェイクスピアの作品を上演するGlobeシアターにも訪れた。この時は，上演される作品の日本語訳版と英語版の両方を予習して臨んだが，やはり英語が難しくて理解できなかったのを覚えている。

　かなり多くの公演をロンドンで鑑賞できたのには理由がある。それは舞台芸術やコンサートの価格設定にかなりのバリエーションがあるからだ。まず席の位置によってかなり価格が違う。私にとっての常連席は，ホールの端の方にある安価な席だった。ある時，かなり安いチケットを購入した際に，チケットに "severely restricted view"（著しく制限された展望）と書いてあり，席の前には太い柱が立っていた。さらに当日券は，かなり安く購入できた。その代わり，チケットの入手は先着順のため，開場よりも早く来て並ぶ必要がある。人気の出し物の場合，チケットが入手できる保証はない。お金がなく，時間のある（私を含めた）学生達は，かなり早くから，お得な当日券を求めて並ぶの

が，当たり前であった。

　私が生まれて初めて見たバレエは，「白鳥の湖」だった。あの時もかなり安価なチケットを購入したので，相当後ろの席であった。そのため，バレリーナたちの顔や表情はほとんど見えなかった。もともとバレエにはあまり興味もなかったため，前半はとても退屈だった。そこで上演の途中の休憩時間に，シャンパンを飲んだのが，功を奏した。というのも時々，目を開けると，遠くの方で白鳥が舞っているのが見える！　そして目を閉じて眠りに入ると美しいバレリーナが見える！　人生初のバレエ鑑賞は，"夢見心地の"贅沢な時間となった。安い当日券の楽しみ方も色々とロンドンで学んだ。

　ロンドンの街の楽しみ方を，もう1つ紹介するとすれば，Flea Market（フリーマーケット）だと思う。映画"ノッティングヒルの恋人"の舞台にもなったPortobello（ポートベロー）は特に有名だ。古着ならやはりCamden Town（カムデンタウン）だろう。どちらにも何度か足を運んだ。ポートベローで，腕時計を並べていた主人に話しかけた時のエピソードだ。私が腕時計を指して，「ここにある腕時計は，ゼンマイ式，電池式のどちらですか？」と尋ねると，「俺が扱うのは，全て生きているゼンマイ式さ！　電池式は別の生き物（different animals）なので一緒には置けないね！」と返ってきた。イ

ギリス人のモノに対するこだわりなのかと，勝手に合点がいった。そうかと思えば，別のフリーマーケットで，日本人歌手のプロモーション用のCDが，1ポンド（当時180円程度）で売っていた。表紙には「非売品」と大きく印字されていたが，このCDは，現在でも私のお気に入りCDの1枚となっている。

ロンドン・アイから撮ったロンドンの街並み（写真上・下）

本章のまとめ

　インフラ産業には半官半民企業が多く存在し，ステークホルダーの利害調整の問題が株主間の利害調整の問題となっています。民営化の理論的根拠は，産業や市場が自然独占の状態から抜け出た状態になることです。EUの市場統合と民営化による競争促進政策は整合的に推進することも可能ですが，規制や競争政策下の産業では，さまざまな問題も生じています。

参考文献

中村靖志（2004）「イギリスの鉄道民営化失敗の原因について」久留米大学　産業経済研究　第45
　巻第3号　65-80ページ　2004年12月
Wada Yoshinori（2002）"Policies, Management and Incentives in Privatisation-An
　Interdisciplinary Approach," University of London.

第**8**章　自動車産業

―憧れのヨーロッパ車は誰が製造している？―

　ヨーロッパの自動車産業の構造とその特徴について学習します。有名なヨーロッパ車のブランド名とそのブランドを製造している会社名の違いを解説します。企業の環境政策への対応と自動車産業のサプライチェーンの仕組みについても学習します。

1　自動車メーカーの特徴と再編

　ヨーロッパの自動車は，多種多様であり，グローバル市場で存在感を示しています。しかしながら，現在のヨーロッパの自動車産業では再編が進み，ブランド名と自動車メーカー名が一致しない状況もみられます。また電気自動車の需要拡大や韓国と中国の自動車メーカーの台頭など，世界の自動車メーカーの勢力図は大きく変わろうとしています。

　図表8-1には，2022年時点での世界の自動車メーカーの売上高トップ10を示しています。2022年は地政学リスクの影響により，半導体が不足している状況で，各メーカーは生産量の調整を行ったことが報告されています。トップ10にEUの企業が4社ランクインしています。その一方で，トップ10に入った日本の自動車メーカーは，トヨタのみで，日産は11位，スズキが22位でした。アメリカの電気自動車メーカーのTesla（テスラ）は，2018年にはわずか24.5万台だった販売台数が4年間で5倍以上となっています。自動車業界の世界における勢力図は大きく変わりつつある中で，ヨーロッパの自動車メーカーは，善戦しているといえるのではないでしょうか。

　その背景には，各企業の生き残りをかけたM＆Aや分社化，そして人員削減などのさまざまな戦略が取られています。その戦略とパフォーマンスの関係に

第8章　自動車産業　145

ついて考えるために，ヨーロッパと日本の自動車メーカー5社のデータを確認します。

図表8-1 ┃ 世界の自動車メーカートップ10（2022年）

	企業名	本社所在地	売上高（千USドル）	従業員数	販売台数（万台）
1	Volkswagen AG	ドイツ	310,607,637	646,837	826
2	トヨタ自動車株式会社	日本	278,351,047	375,235	961
3	Stellantis N.V.	オランダ	191,552,735	282,926	600
4	Mercedes-Benz Group AG	ドイツ	162,730,017	168,797	204
5	Ford Motor Company	アメリカ	158,057,000	173,000	423
6	General Motors Company	アメリカ	156,735,000	167,000	594
7	BMW AG	ドイツ	153,039,961	149,475	240
8	Hyundai Motor Company	韓国	112,465,501	n.a.	684
9	上海汽车集团股份有限公司	中国	106,272,767	215,999	530
10	Tesla, Inc.	アメリカ	81,462,000	127,855	131

出所）Moody's社のデータベースOsirisより抽出したデータに基づき筆者作成

◆　ヨーロッパ企業と日本企業の比較（自動車産業）

　次頁記載の図表8-2は，ドイツのフォルクスワーゲンとメルセデス・ベンツグループ，オランダのステランティス，スウェーデンのボルボ，そして日本のトヨタのパフォーマンスを比較しています。

146　PART 2　産業別ヨーロッパ企業の比較

図表8-2 ┃ ヨーロッパ・日本の自動車メーカー5社のパフォーマンス比較

会社名	フォルクスワーゲン	ステランティス	メルセデスベンツ	ボルボ	トヨタ
本社所在国	ドイツ	オランダ	ドイツ	スウェーデン	日本
設立年	1904年	2021年	1998年	1915年	1937年
売上高（百万ドル）	310,608	191,553	162,730	45,408	278,351
従業員数（人）	646,837	282,926	168,797	102,812	375,235
利益率（%）	7.57	10.72	13.31	9.52	9.87
労働生産性（千ドル）	130	130	236	100	179
株主資本比率（%）	29.24	69.42	41.46	24.24	36.95
株主資本利益率（ROE）（%）	12.36	26.59	23.46	27.12	12.54
R&D率（%）	4.73	2.90	3.67	4.76	3.30
グッドウィル率（%）	9.00	8.63	0.49	5.41	no data
子会社率（10,000%）	3.72	3.21	3.93	5.53	2.11

注）労働生産性は，日本のトヨタと比較するために，労働コストの代わりに販売管理費を用いて算出（第2章と第6章を参照）。R&D率は研究・開発費/売上高 x 100で算出。
出所）Moody's社のデータベースOsirisより抽出したデータを基に筆者作成

　図表8-2から，自動車産業の主要メーカーのパフォーマンスは，エネルギー産業やインフレ産業と比較して，資本構造や収益性，生産性に企業間で大きな差がないことがわかります。これは自動車産業では，長期に渡り，公正な競争が行われた結果，資本調達の方法や戦略において最適な選択を行い，高い収益性に達した企業グループだけが，生き残った結果として解釈すべきでしょう。

　図表8-2には，自動車産業を分析するために，前章までになかったR&D（研究・開発）率を示しています。自動車産業を含む製造業では，R&D費が高いと業績も高くなる傾向が指摘されることがあります。そしてEUの環境政策の一環として，2035年までにすべての新車のCO_2排出をゼロにする政策が採

択され，ガソリン車から電動化自動車への移行が進められています。またドイツからは，CO_2と水素を合成して製造される合成燃料を使用する車両を投入する提案も行われており，工場などから排出されたCO_2を原料とすることで環境改善が期待されています。EUを市場とする自動車メーカーは，その実現のために，新たな技術を求められているのです。以上より，Ｒ＆Ｄ比率は，技術力向上と環境に配慮した自動車開発へのコミットメントの程度の指標の１つとして捉えることもできるでしょう。

◆ ３社のＲ＆Ｄ率の変遷

図表８-３にはフォルクスワーゲン，メルセデス・ベンツグループ，トヨタの2001年－2022年のＲ＆Ｄ率の推移を示しています。

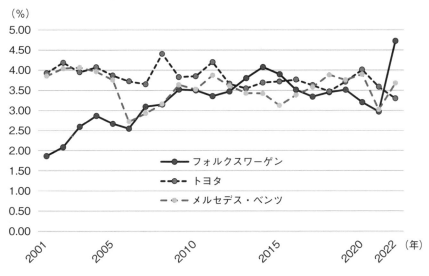

図表８-３ 自動車３社のＲ＆Ｄ率の推移（2001－2022年）

出所）Moody's社のデータベースOsirisより抽出したデータに基づき筆者作成

上記の自動車３社は，世界の市場で自動車を販売しており，さまざまな地域の経済状況や地政学リスクの影響を受けざるをえません。よって利益率にはか

148　PART 2　産業別ヨーロッパ企業の比較

なりの変動が見られます。その一方で**図表8-3**にみられるようにR＆D率の推移は，比較的安定しています。そして3社の間でそれ程大きな違いがないこともわかります。実際に2001年から2022年の3社のR＆D率の平均値は，フォルクスワーゲンが3.24％，メルセデス・ベンツグループが3.56％，トヨタが3.8％で，ほぼ同水準を示しており，世界の市場でしのぎを削る企業のR＆Dへの投資が拮抗していることがわかります。

　しかしトレンドをみると，トヨタがR＆D率を2001年以降，低下させている一方で，フォルクスワーゲンは上昇させています。特にフォルクスワーゲンは2021年から2022年にかけては，利益率がそれ程変わっていないにもかかわらず，R＆D率を飛躍的に伸ばしました。フォルクスワーゲンが，EUの環境政策を受け，新たな技術の取得に本格的に始動したことをある程度反映しているといえるでしょう。それではヨーロッパの各社の経営について具体的にみていきましょう。

◆　フォルクスワーゲン

　フォルクスワーゲンについては，すでに第4章のSWOT分析の事例として取り上げました（69頁）。世界の自動車メーカーの中で売上高，従業員数がトップのドイツ企業です。販売台数は世界第2位となっており，トヨタとのトップ争いが続いています。

　フォルクスワーゲンは，戦前にドイツの国家プロジェクトにより誕生した会社で，戦後もドイツの政策や産業発展のための経営を行ってきました。現在ではフォルクスワーゲン法により，株主総会における最大の議決権を20％に制限し，その20％をニーダーザクセン州が保有しています。つまり州政府が，事実上の拒否権を持っているということになります。また監査役会には一定の議席が，連邦政府とニーダーザクセン州に確保されています。

　従業員数の多さからもわかるように，ドイツ国内の雇用の維持と労働生産性の改善を同時に行う戦略を政府とともに推進してきました。それは2001年の"5,000×5,000"（月収平均5,000ドイツマルクの賃金で5,000人の新規雇用を創出）という経営方針が，当時，高い失業率に苦しんでいたドイツ政府の雇用政策を反映していたことからも明らかです。フォルクスワーゲンはこの目標達成のた

め，Auto5000GmbHという子会社を立ち上げ，労働生産性の向上のための新たな施策と新規雇用を実現させました。しかしながら，労働組合との対立や，当時のシュレーダー政権が民間企業であるフォルクスワーゲンの人事計画にも介入したことへの批判が起こることになります。

　このようにドイツ経済や政策との関係を重視している一方で，フォルクスワーゲンは積極的に他の自動車メーカーを合併し，成長してきました。1964年にAudi（アウディ）を買収し，プレミアムカーブランドを傘下に置きました。1986年にスペインのSEAT，1990年には，チェコのŠkodaを買収しました。90年代後半には，イギリスの高級車ベントレー，フランスの高級車ブガッティ，イタリアの名門ランボルギーニを買収しました。そしてフォルクスワーゲンを一時買収したポルシェでしたが，経営状態の悪化から最終的にフォルクスワーゲンの傘下に入り，現在は株主となっています。2010年代には商用車としてスウェーデンのスカニアとドイツのMANも買収しています。2023年時点で12のブランドを持っています。

　かつてのドイツの大衆車メーカーが，名実ともにヨーロッパの総合自動車メーカーとなり，世界のトップに君臨しています。順風満帆にもみえますが，第4章で述べた排出ガス不正により，現在もフォルクスワーゲンのブランドイメージは完全には回復していません。そんな状況で売上が伸びているのは，やはり多くのブランド，特に高級ブランドの存在が大きいのではないでしょうか。ブランド名や経営を切り離してグループを形成することは，ある意味においてシナジー効果が発揮されにくいかもしれませんが，予期できないような不正などが発覚した際には，グループ全体へのダメージを抑える効果があるといえます。

　さらにフォルクスワーゲンは，カーボンニュートラルの実現を目標とした"Way to ZERO"という企業戦略を打ち出し，EUの欧州グリーンディールの目標を遵守することを宣言しました。具体的なグリーン戦略として1．新しい電気自動車の販売，2．サプライチェーンと生産の脱炭素化，3．再生可能エネルギーへの直接投資，4．バッテリーのリサイクルを掲げています。

150　PART 2　産業別ヨーロッパ企業の比較

◆　ステランティス

　オランダのステランティスは，2021年に設立された新しい企業ですが，傘下のブランド名を聞けば，すでに長い歴史があり，日本市場にも参入している企業だというのがわかります。イタリアのフィアットとアメリカのクライスラーが合併してできたフィアット・クライスラーと，フランスのPeugeot（プジョー）の合併により，誕生しました。

　オランダには，オランダに由来がない多国籍企業が多数存在しますが，その理由の1つが，オランダの税制にあります。それはオランダ国外の事業により生じたオランダ企業の所得が，非課税となることです。この制度により，多国籍企業にとっては，二重課税を回避することができるのです。

　ステランティスのようにさまざまな国で事業を展開する企業にとっては，オランダに本社を置くことは理に適っています。ステランティスの傘下にあるブランドは，フィアット，Jeep，プジョー以外にアルファロメオ，ランチャ，シトロエン，マセラティ，オペルなど欧米を代表する14のブランドです。このブランド数は，フォルクスワーゲンとほぼ同じブランド数となっています。

　さらにこの2社には別の共通点があります。図表8-2にみられるように労働生産性が等しく，またグッドウィル率もほぼ等しくなっているのです。世界を代表するヨーロッパの自動車グループでこれらの指標が共通しているのは偶然ではなく，ステランティスのビジネスモデルは，フォルクスワーゲンを基準にしている可能性を示しています。

　その一方で，株式構造に関しては，両社は違っています。ステランティスの株主資本率がかなり高いことが，図表8-2からもわかりますが，さらにフォルクスワーゲンが州政府を最大株主にしている一方で，ステランティスはEXORというイタリアを起源とする財閥の所有する投資会社が最大株主になっています。

　また，ステランティスはR&D率が低くなっています。多数の高級車やスポーツカー，プレミアムカーのブランドを傘下に置き，利益率も高くなっているステランティスですが，欧州グリーンディールの目標に対する具体的な計画や車両の電動化には後れを取っているといわざるをえません。2社の環境政策

第8章　自動車産業　151

に対する取り組みの違いは，株式構造の違いからも説明できるでしょう。

◆　メルセデス・ベンツグループ

　1926年に2つの企業が合併し，Daimler-Benz AGが誕生し，すべての工場で自動車のブランド名をMercedes-Benzとしました。1998年に，Daimler-Benzとアメリカのクライスラーが大規模なクロスボーダーM＆Aを行い，会社名がDaimlerChrysler AGとなりました。しかし2007年にはクライスラーグループが投資会社に売却されたため，社名をDaimler AGとしました。2021年にダイムラートラックを分社化，独立させ，2022年に社名をメルセデス・ベンツグループとし，「世界で最高の高級車ブランド」を前面に押し出しました。合併や分社化を行ってはいますが，ステランティスと違い，メルセデス・ベンツという統一されたブランドで事業を展開しています。図表8-2に示されているように，高級車のみを製造・販売するというビジネスモデルにより，利益率や労働生産性は他社を凌いでいます。しかしながら従業員数に関しては，2000年以降，大幅に減少しています。

◆　ドイツの自動車メーカーの従業員数と株主の比較

　図表8-4はメルセデス・ベンツグループとフォルクスワーゲンの従業員数の推移を示しています。メルセデス・ベンツグループは分社化や人員削減により2000年から2022年の間で従業員が約3分の1になっているのに対して，フォルクスワーゲンは，同じ時期に他社の合併や買収などの影響もあり，約2倍に増えています。同じドイツの自動車メーカーでありながら，人事政策に大きな違いがあるのはなぜでしょうか。フォルクスワーゲンは，他社との合併を行い，メルセデス・ベンツグループは分社化を行ったことが大きな要因だと考えられますが，それ以外にも2社の株主構成の違いが考えられます。

　図表8-5は，メルセデス・ベンツグループの株主構成を示しています。最大株主は，業務提携も行っている中国の自動車メーカーで，全体の約20％の株式を保有しています。その他に投資会社やルノー，日産も大株主となっていることがわかります。フォルクスワーゲンの最大株主であった州政府と違い，これらの株主には，従業員を維持するということに関心はないでしょう。彼らに

152 PART 2 産業別ヨーロッパ企業の比較

とって関心があるのは，利益率や労働生産性を上げ，株主価値を高めることで，そのために効果があるのは，労働力削減や，労働コストを削減することなのです。

図表8-4 ｜ フォルクスワーゲンとメルセデス・ベンツグループの従業員数推移

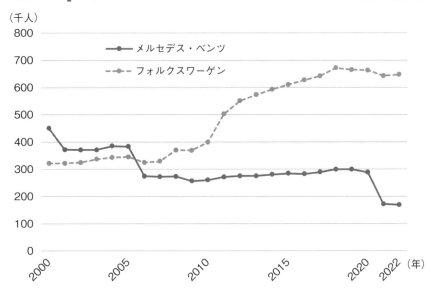

出所）Moody's社のデータベースOsirisより抽出したデータに基づき筆者作成

図表8-5 ｜ メルセデス・ベンツグループの株主構成（2022年）

北京汽車集団有限公司	9.98%
Investment Global Co.Ltd.	9.98%
北京汽車股份有限公司	9.97%
Emirates Kuwait	6.84%
ルノー	3.09%
Harris Associates Investment Turst	2.99%
日産自動車	1.54%

出所）Moody's社のデータベースOsirisより抽出したデータに基づき筆者作成

第8章 自動車産業 153

EUの市場統合が進む中で，労働者の移動の自由が進んだことは間違いありません。しかしながら，労働者にとって労働機会が増える一方で，労働者の間での競争も激しくなり，企業は生産性のより高い労働者や，より低い賃金で労働に従事する労働者を雇用できる機会が増えたのも事実です。メルセデス・ベンツグループの経営方針から，企業がどのような戦略を取るかは，やはり株式構造が大きく影響しているといえます。

◆ ボルボ

1915年にスウェーデンで設立されたAB Volvo（ボルボ社）は，現在，トラック，バスなどの商用車とエンジンや建築機械の製造と金融サービスを提供している自動車メーカーです。仕事とレジャーを1台で両立させるエステートモデルや3点式シートベルトを生み出し，安全性の高い乗用車を製造する自動車メーカーとしてその地位を確固たるものにしました。しかし1999年に乗用車部門Volvo Car AB（ボルボ・カーズ）をフォードに売却し，2010年には中国の浙江吉利控股集団の傘下となりました。つまりVolvoブランドの乗用車を製造する企業の所有者は，実質的に中国企業ということになります。**図表8-2**にはAB Volvoのデータを示していますが，比較のために乗用車の製造・販売を手掛けるボルボ・カーズのデータを**図表8-6**に示します。

図表8-6 ┃ ボルボ・カーズのパフォーマンス（2022年）

売上高 （百万USドル）	利益率 （％）	ROE （％）	労働生産性 （千USドル）	R＆D率 （％）	子会社率 （10,000％）
31,896	6.26	17.75	110	1.74	2.23

出所）Moody's社のデータベースOsirisより抽出したデータに基づき筆者作成

図表8-6より，経営の効率性を示す，ボルボ・カーズの労働生産性はAB Volvoとほぼ同じですが，利益率，ROEはAB Volvoよりも低くなっています。同じ高級乗用車の製造を行うメルセデス・ベンツグループの利益率のデータと比較すると，その差は歴然としています。そしてR＆D率もかなり低くなっていることがわかります。

154　PART 2　産業別ヨーロッパ企業の比較

　ボルボ・カーズでは，2040年までに環境に配慮した"サーキュラーエコノミー"の実現を目指しています。サプライチェーンを取り込んで素材や部品を最小限に抑え，再利用することで，これまでの生産から消費─廃棄という一方向の概念ではなく，これらのプロセスを循環させることを目指したビジネスモデルです。このビジネスモデルの実現には，さらなるR＆Dや投資の必要性が予想されますが，他社と比較した現状のパフォーマンスでは自動車産業で環境に配慮した企業のリーダー的存在になるのは難しいのではないでしょうか。

　その一方で，中国市場において環境への意識が高まり，電気自動車の需要も増えているため，中国資本が環境ビジネスに投資を拡大することが予想され，中国企業が株主であるボルボ・カーズの環境戦略は拡大の可能性を秘めているともいえます。

2　サプライチェーンマネジメント

　本章のテーマでもある「ヨーロッパ車を生産しているのは誰か」という問いに答えるためには，自動車産業のサプライチェーンについて理解する必要があります。サプライチェーンとは，さまざまな部品や原材料などを別の組織から調達し，それを完成させるまでの一連のつながりを鎖（チェーン）にたとえて説明した供給や物流のシステムを意味します。つまり自動車産業を正確に捉えるためには，自動車組み立てメーカーだけでなく，部品を供給するサプライヤーのデータも考慮する必要があります。

◆　ヨーロッパ諸国の自動車産業

　多くのヨーロッパ諸国では自動車産業は経済の中心的な役割を果たしています。2018年のデータではヨーロッパ全体で，GDPの7％以上，全雇用の6％以上を自動車産業が生み出しています。特に，ドイツやチェコは製造業による総生産の20％以上が自動車産業によって創出され，スロバキアでは製造業の雇用者の15％以上が自動車産業に従事していることが2019年のデータでは示され

ています。自動車本体と部品のヨーロッパ地域からの輸出額は，世界全体の約半分を占めています。日本における最大の輸出品は，部品を含む自動車関連製品です。その輸出額は，日本の輸出総額の約13－14％の間で近年は推移しています。東ヨーロッパ諸国のスロバキアやハンガリーは，輸出に占める自動車製品の割合が日本を上回り，チェコも日本とほぼ同じ水準となっています。

　つまり日本と同様，東ヨーロッパ諸国では，自動車産業が主要輸出産業となっているのです。そしてドイツはアメリカ，日本を上回り世界最大の自動車関連製品の輸出国となっています。

◆　サプライチェーンと自動車の部品

　現代の自動車は，車種や機能による差はありますが，約3万個の部品で構成されているといわれています。近年はハイブリッド車や電気自動車（EV），自動運転車などの最新の技術を導入した自動車の製造が盛んに行われています。

　グローバル化やIT化が進む中で，自動車産業のサプライチェーンは世界各地に広がりをみせています。それぞれの国の経済状況や企業が培ってきた技術や得意分野などを考慮して，自動車メーカー（自動車組み立てメーカー）は，独自の自動車を製造するための最適なサプライチェーンを構築する必要があります。製造ラインをもつ工場は，労働コストや土地が安価で社会インフラの整備されている地域に立地することが望ましいでしょう。

　しかし，それぞれの工場が効率的に自動車部品の製造を行ったとしても，別の地域で作られた部品を集める行程で時間がかかったり，完成した自動車を市場に出荷するために多大なコストがかかっては意味がありません。そして自動車を組み立てる工程では，さまざまな部品を組み込むタイミングが違うため，必要な部品を必要な時に調達する必要があります。初期の工程で部品の不具合が見つかれば，その後の工程自体には問題がなくても組立生産のラインはストップしてしまいます。サプライチェーンマネジメントは，このような複雑なサプライチェーンの最適化を達成するために行われます。

　サプライチェーンマネジメントを理解するために，自動車の部品を3つに分けて示します。機械的部品の代表例はエンジン，車軸，冷却機，動力伝達などの部品です。車内の構成部品としてインストルメントパネル，ハンドル，シー

156　PART 2　産業別ヨーロッパ企業の比較

トなどが挙げられるでしょう。そして近年，技術の発展が著しいのが電子関連
部品です。メーター，ETC，コンピュータ，ワイヤーハーネス，半導体など
の部品です。これらの部品を製造するための素材としては鉄，アルミ，プラス
チック，布，ガラス，レアメタルなどが挙げられます。

　サプライチェーンのイメージとしては，1本のチェーンによってつながり，
自動車組み立てメーカーを頂点とするピラミッド型が分かりやすいですが，実
際には，1本のチェーンのような単純かつ固定的な取引構造ではありません。
自動車組み立てメーカーに対して直接，部品を供給する企業を1次メーカー
（ティア1）と呼びます。そしてティア1に供給する企業を2次メーカー（ティ
ア2）と呼び，この連鎖は続いていきます。

　このサプライチェーンが単純かつ固定的でないというのは，ティア2はティ
ア1のサプライヤーでありますが，場合によってはティア1がティア2のサプ
ライヤー，つまり部品や材料を供給することや，ティア2が直接自動車組み立
てメーカーに部品を供給することもあるということです。また同じ階層（ティ
ア）間でも取引が行われています。

　図表8-7は自動車のサプライチェーンのイメージを表しています。**図表8-
7**ではA社とB社がティア1，C社，D社，W社がティア2に相当します。日
本の自動車産業の中でティア1に相当し，売上が高いのはデンソーとアイシン
精機です。ヨーロッパの自動車産業でティア1に相当する代表的企業は，
Robert Bosch GmbH（ロバート・ボッシュ有限会社）とContinental AG（コ
ンチネンタル株式会社）です。それでは2つの企業について比較しながら，サ
プライヤーのビジネスモデルについて検討します。

・Bosch（ボッシュ）社

　ロバート・ボッシュ有限会社（以下，ボッシュ社）は1886年にドイツのシュ
トゥットガルトでロバート・ボッシュ氏によって設立されました。有限会社で
あるため株式の上場はしておらず，所有者はドイツの慈善団体であるロバー
ト・ボッシュ財団です。2022年時点で94％のボッシュ社の株を保有していま
す。ボッシュ財団は，ヘルスケア，環境，教育などの分野に約1億4,900万ユーロ
の財政支援を2022年に実施したことを詳細な説明とともに報告しており，創業

第8章 自動車産業 157

図表8-7 ｜ サプライチェーンのイメージ

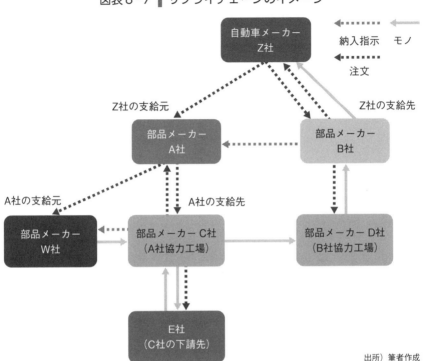

出所）筆者作成

者の社会貢献への積極的姿勢を現代のニーズに合った形で組織的に実践しています。世界最大の自動車部品のサプライヤーですが，自動車部品以外の製品の製造も行っています。その売上高割合は，Mobility Solutions（主に自動車関連機器）部門が約60％，最終消費財部門が約25％，産業技術部門が約8％，エネルギー・建築部門が約8％となっており，自動車部品以外のビジネスも展開していることが分かります。R＆D率は，2021年が7.8％，2022年が8.2％と図表8-2の自動車メーカーと比較してもかなり高い値となっています。特にMobility Solutions部門のR＆Dは，2022年では，全体の74％と際立っています。

・Continental（コンチネンタル）社
　コンチネンタル株式会社（以下，コンチネンタル社）は，ドイツのハノー

ファーで1871年にゴム製造会社として設立されました。2022年の売上高はボッシュ社，デンソーに次ぐ世界第3位の自動車部品メーカーです。1898年に自動車用空気入りタイヤの生産を開始し，1904年には，世界初の溝付きの車両用タイヤを製造しました。コンチネンタル社も4つのグループに分かれてビジネスを展開しています。衝突安全，ブレーキ，シャーシーの技術を提供する自動車グループ，タイヤグループ，環境に配慮した製品やインテリジェント製品を製造するContiTechグループ，そして他社との契約でビジネスを行うContract Manufacturingグループです。このようにグループに分かれていますが，ボッシュ社と違い，ほとんどのビジネスが自動車産業と関連ある分野となっています。R&D率は，コンチネンタル社全体では2021年が7.7%，2022年が7.3%，自動車グループだけに限っては13%以上となっています。ボッシュ社同様，大手ヨーロッパ自動車メーカーのR＆D率よりも高くなっています。取引先として，フォルクスワーゲン，BMW，フォード，GM，トヨタ，ホンダ，ルノー，ポルシェが報告されており汎用性の高い部品を自動車メーカーに供給していることがわかります。

・ドイツ自動車部品メーカーの特徴

　ボッシュ社とコンチネンタル社は所有構造に大きな違いがあり，製品の構成も違うのですが，自動車関連部門へのR＆Dを積極的に行っていることがデータから読み取れました。EUの環境政策やITの発展を反映し，自動車組み立てメーカー以上に，ヨーロッパの自動車産業のサプライヤーにとっても，新技術の開発が緊急の課題となっていることが推測できます。

ケースに学ぶ

ルノーと日産の提携

1999年に日産とルノーは資本提携を行った。ルノーが日産株の36.8％を保有し，ルノーの副社長カルロス・ゴーン氏が日産のCEOに就任し，日産はルノーの子会社となった。同時に日産はルノー株の15％を保有した。

1999年当時，日産は，2兆円を超える負債と，年間6,844億円の赤字を計上していた。カルロス・ゴーン氏は「日産リバイバルプラン」を実施し，2年で売上を2倍の3,300億円とした。そして2003年には負債を全額返済するという偉業を成し遂げた。その偉業の背景には，コストカッターの異名を持つカルロス・ゴーン氏の下で，国内の工場の閉鎖や労働者の解雇，取引部品メーカーの削減など容赦のない再生計画が実施された。

2006年にはルノーは，日産株の保有を44％まで増やし，2016年には燃費偽装問題が発覚した三菱自動車の発行済み株式の34％を日産が取得し，ルノー・日産・三菱アライアンスが誕生することになった。

そして2018年に，当時，日産とルノーのCEO，日産の取締役会長を兼任していたカルロス・ゴーン氏が，金融商品取引法違反，背任行為など50件の罪で起訴された。2019年には，カルロス・ゴーン氏は，日産の取締役を解任されたが，保釈中に，密出国を行った。そして2023年，ルノーが日産株の28％をフランスの信託会社に預け，議決権を中立化した。日産は24年間のルノーの子会社としての地位を終了させ，双方が，株式の15％ずつを保有する対等な資本関係となった。

2023年時点で，カルロス・ゴーン氏は逃亡中であるため，公判は停止中となっている。

Somo教授のTutorial

垂直統合と取引費用の理論

Jeanne ：自動車には3万点ほどの部品が必要だそうですが，サプライチェーンによって，それらの部品は取引されるのでしょうか？

Somo教授：自動車組み立てメーカーは，子会社を含むグループ企業内で部品を作るのか，または他社との取引によって部品を調達するのかを決める必要があります。その基準は企業によって違いますが，「取引費用」を最小にするように，企業は取引構造を選択するという理論があります。

Jeanne ：全ての部品を市場で取引するのが一番効率的，というわけではないということですか？

Somo教授：部品のサプライヤーが，独占企業の場合は，部品市場で取引を行うと，独占価格や独占供給量となり，効率的な取引にはなりません。その場合，自動車組み立てメーカーは，サプライヤーと合併することや子会社化すること（垂直統合）を選択すべきでしょう。

Jeanne ：わかりました。それでは，サプライヤーが独占企業でない場合は，市場で取引されるということですか？

Somo教授：どのような取引形態になるかを取引費用の考え方を使って説明します。取引の回数が多く，部品製造のために特殊な投資が必要な場合は，自動車組み立てメーカーとサプライヤーは統合することで取引費用を最小化できます。その一方で取引回数が少なく，汎用的な投資でいい場合は，市場による取引が最適となります。取引頻度と投資の特殊性がその中間の場合は契約に基づく取引が最適となるでしょう。

Jeanne ：取引費用という概念を使って，企業間の取引構造が分析できるのは興味深いですが，そもそも取引費用って何ですか？

Somo教授：取引に際して発生する「摩擦」のようなもので，情報の偏りや企業の日和見的な行動により発生するコストですが，特定化するのが難しい概念ですね。

ヨーロッパの街角で

Bonn
（ボン）

　ボンには，2006年から2008年にかけて家族で滞在した。ボンは旧西ドイツの首都であったが，当時，すでに首都はベルリンに移っていたために，大都市という感じでなかった。街の中心には，ボン大学のキャンパスがあった。私は，このボン大学の東アジア研究所に籍を置いていた。東アジア研究所には日本学を専攻する多くの学者が在籍しており，公私にわたりお世話になった。特にお世話になった2つのイベントを紹介しよう。

　1つ目はStammtisch。直訳すると"常連用のテーブル"となるが，要は「定例の飲み会」である。毎週行われるこのStammtischに，頑張って参加した。当時，私も普段からビールを嗜んでいたが，レベルが違った。ドイツといえばビールの国。飲む量も多く，スピードも速かった。個人差はあるが，1時間で3リットル程度が普通であった。そして彼らは夕食をほとんど食べなかった。これはドイツでは珍しくなく，夕食はパンやチーズ，ハム程度で済ませる人も多い。私も毎回，ビール中心の夕食スタイルにチャレンジしたが，同僚が美味しそうに食べていたミンチ状の生肉をのせたパン（Mettbrötchen）だけは，遠慮させてもらった。

　もう1つのイベントは，定例の"Wanderung"，ハイキングである。ドイツ人は自然を愛して止まない。入念に計画を立て，10名から20名程度で朝早くから出掛けた。一人では行けないようなローカルな自然の中に定期的に連れ出してもらった。ただハイキングでもレベルが違い，歩く距離も長く，スピードもかなり速く，毎回とても疲れて帰宅の途についたのを覚えている。そしてここでもビールは欠かせなかった。途中の休憩場所は，ビアガーデンである。日本のビアガーデンは，夏になるとデパートなどの屋上にあるイメージだが，本家ドイツのビアガーデンは自然の中にあった。テラス席や庭に席がある開放的なお店のスタイルは気に入ったが，ハイキングの途中にビールを飲むという発想は，日本では稀であろう。

　ボンの街は，ライン川のほとりに位置している。私は大学まで，このライン川沿いの9キロほどの道を，ロードバイクで通勤していた。例外は雨の日とStammtischの日で，バスを使ったり，電車を使っての通勤だったが，ボンの

郊外に住んでいたため，あまり便利は良くなかった。自転車通勤は，ドイツではかなり普及していると思う。統計を確認したわけではないので確かではないが，自転車を移動手段としているドイツ人の割合はかなり高いのではないだろうか。ドイツは自動車の製造が盛んであり，「自動車大国」というイメージを持つ方が多いだろうが，実はそうではない。一度，ドイツ人と「自転車vs自動車」ついて話したが，あるドイツ人は「それはおそらく，自分たちの受けた教育が影響している」と説明してくれた。彼らは，ドイツの森が排気ガスによって死んでいく様子を授業中に見せられ，環境保護の重要性を理屈ではなく感覚的に学んだとのことであった。そのため自転車への関心も大きい。

　ある日，私が郵便局で日本製のロードバイクを押しながら並んでいると，見知らぬドイツ人が声を掛けてきた。「見たことのないブランドだが，性能が良さそうだね。ただサドルの位置とハンドルの位置のバランスが悪いな。これなら折角スピードが出るのに，速く走れないぜ（著者による意訳）」。ブランドを知らない自転車の素材とデザインを見ただけで，的を射たコメントに驚いた。ドイツが「自動車大国」から環境にやさしい「自転車大国」と呼ばれる日も近いかもしれない。

ハイキングでも訪れた
ボン郊外の山々

第8章　自動車産業　163

本章のまとめ

　ヨーロッパの自動車産業は，激しい競争の中，生産性向上やM＆A戦略を通じて，その地位をキープしています。EUの環境政策に対応するために，サプライヤーを含む自動車業界全体で，研究開発にも積極的に取り組んでいます。

参考文献

Bosch Annual Report 2022.
Continental Annual Report 2022.
IMF Working Papers（2022）"Cars in Europe: Supply Chains and Spillovers during COVID-19 Times", European Department of IMF January, 2022.

第9章 ラグジュアリー産業
―最強のブランド力を作る法則とは？―

　ヨーロッパで発展を遂げたアパレル業界や装飾品業界などのラグジュアリー産業の戦略の特徴について学習します。そして各社がブランド力を構築できた理由について，各社の歴史やビジネスを参考にしながら，解説します。特にフランスとイタリアのラグジュアリー産業を比較し，マーケティング理論を応用して，ブランド力を形成するプロセスを考えます。

1　ヨーロッパに集結するラグジュアリー産業

　世界にはさまざまなブランド品と呼ばれる商品がありますが，やはりラグジュアリー産業のブランド品が最も消費者を魅了しているのではないでしょうか。しかしすでに本書でも説明したようにブランド名と会社名は必ずしも一致しません。そしてクロスボーダーM＆Aという大きな潮流の中でラグジュアリー産業におけるブランドと企業の関係は複雑化しています。世界３大ブランドと呼ばれているルイ・ヴィトン，シャネル，エルメスはすべてフランスの会社が所有するブランドですが，そのガバナンス構造や所有形態はかなり違います。

　ルイ・ヴィトンはモエ・ヘネシー・ルイ・ヴィトン社（LVMH）がその商標権を所有しているブランドの１つで，LVMHはさまざまなブランドを買収し，複合企業となっています。その一方で，シャネルやエルメスは，企業として単一のブランドによって，ビジネスを展開しています。それでは多くのブランドを保有する３つの複合企業の比較から始めましょう。

　図表9-1では，ラグジュアリー業界の３大複合企業と言われているLVMH，Kering（ケリング），Richemont（リシュモン）の規模や保有するブランドを

第9章　ラグジュアリー産業　165

比較しています。

図表9-1 ▌ ラグジュアリー複合企業の比較（2022年）

	LVMH	ケリング	リシュモン
設立年	1987年	1963年	1988年
本社所在地	フランス	フランス	スイス
売上高（百万ユーロ）	79,184	21,743	16,748
株式時価総額（百万ドル）	364,953	62,928	70,530
従業員（人）	196,006	47,200	35,853
利益率（％）	25.4	25.19	17.6
ROE（％）	35.53	34.74	14.85
グッドウィル率（％）	31.3	19.89	21.1
ブランド数	75	10	21
主なブランド	Louis Vuitton Christian Dior FENDI CELINE Givenchy KENZO LOEWE MOËT & CHANDON HENNESSY DOM PÉRIGNON TAG HEUER BVLGARI ZENITH TIFFANY & Co.	GUCCI SAINT LAURENT ALEXANDER McQUEEN BOUCHERON POMELLATO	Cartier IWC SCHAFFHAUSEN PIAGET Chloé Delvaux Dunhill MONTBLANC

出所）Moody's社のデータベースOsiris, Richemont Annual Report and Accounts 2023, KERING Activity Report 2022, LVMHのホームページwww.lvmh.comに掲載のデータに基づき筆者作成

　図表9-1から，ラグジュアリー複合企業の利益率が他の産業と比較して高いことが示されています（第6章，第7章，第8章を参照）。そしてラグジュアリー複合企業の特徴としてグッドウィル率も他の産業と比較して非常に高い

ことがわかります。グッドウィル率は売上高に占める営業権の割合です。グッドウィルとは「信用」,「のれん」と訳され,グッドウィル率の値が高いほど,ブランド力や顧客信用度が高いことを示しています。つまりラグジュアリー業界では,ブランド力を形成し,維持することでビジネスを展開していることが,データによっても示されています。グッドウィル率が最も高く,ブランド数が一番多いのがLVMHです。

・LVMH

　LVMHの会社設立は,1987年となっていますが,実際には,1854年パリで創業したカバン店ルイ・ヴィトンと1743年創業のワイン店クロード・モエが母体となっています。そしてM＆Aが行われて現在の会社が誕生したため,それぞれの会社の歴史はかなり長く,ラグジュアリー産業で圧倒的な地位を占めています。その立役者は,会長兼CEOのベルナール・アルノー氏です。

　アルノー氏は,グラン・ゼコールの名門エコール・ポリテクニークを卒業し,父親の不動産業を受け継ぎましたが,ラグジュアリー業界に転身し,LVMHを発展させました。ユーロの導入後すぐの2001年にユーロネクストに上場しました。同年,経営難に陥っていたプラダが保有していた株を買収し,イタリアのフェンディを傘下に置きました。さらに2021年にも経営難にあったアメリカの宝飾ブランド大手のTiffany & Co.を買収し,過去最高の売上を達成しています。2022年時点での株式構造は,子会社であるChristian Diorが約57％を所有し,Christian Diorの株のほとんどは,実質的にアルノー氏とその家族によって所有されています。

・ケリング

　ケリングは,1963年に木材取引を主な事業とするピノーグループとして創業しました。1991年にプランタンを買収し,社名をピノー・プランタン・ルドゥート（PPR）としました。1999年にGUCCI（グッチ）とその傘下の企業を買収しました。2006年にはプランタンを売却し,2007年にドイツのスポーツ用品ブランドのPuma（プーマ）を一旦買収しましたが,2021年には,プーマの持ち株比率を約4％まで下げています。ケリングの株式構造は,2022年時点

では，ケリングの会長であるピノー氏が社長を務めるArtemis社が約60%，公共機関が約40%でしたが，2023年にはイギリスやアメリカの企業が，機関投資家としてケリング株の保有を始めています。

・リシュモン

　リシュモンはルイ・ヴィトン，エルメスと並び19世紀末から20世紀初頭にフランスでラグジュアリーメゾンとして注目されたカルティエを最初のブランドとする複合企業です。2010年には高級ファッション通販企業のYOOXなどを買収し，中国企業との連携を行いましたが，2022年の報告書ではDiscontinued Operations（非継続事業）として報告し，所有権の売却を進めています。2023年時点での株式構造は，実質的な過半数を，会長兼CEOであるヨハン・ルパート氏が所有しています。

◆　**グッドウィルと商標の推移**

　グッドウィルと並び，ラグジュアリー産業にとって重要な無形資産は商標です。商標とは，「人の知覚によって認識できるもののうち，文字，図形，記号立体的形状もしくは色彩またはこれらの結合，音」のことで，他社の商品と差別化し，ブランドを維持するために商標は欠かせません。そして模造品や類似品からブランドを守るためには商標を登録し，排他的に使用する権利が必要となります。よって商標を登録し，保護することで，ブランドを形成するための資産の蓄積ができるということになります。しかし商標資産を多く維持していてもそれがブランド形成に結びつくかどうかは，販売管理や広報などさまざまな経営上の工夫が重要となるでしょう。**図表9-2**は，LVMHとケリングの2000年から2022年までのグッドウィル率，**図表9-3**は商標資産率の推移を示しています。商標資産率は，（無形資産－営業権）/売上高×100で計算しています。

図表9-2 ┃ LVMHとケリングのグッドウィル率の推移（単位：%）

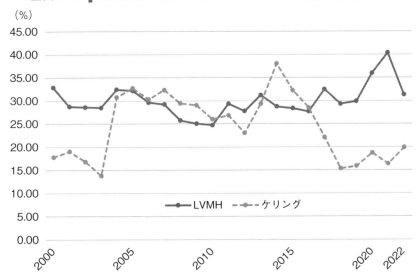

出所）Moody's社のデータベースOsirisより抽出したデータに基づき筆者作成

図表9-3 ┃ LVMHとケリングの商標権の推移

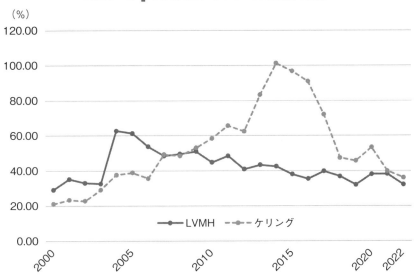

出所）Moody's社のデータベースOsirisより抽出したデータに基づき筆者作成

第9章 ラグジュアリー産業 **169**

　図表9-2より，LVMHの方が，ケリングよりも，グッドウィル率が安定的
に推移しており，上昇トレンドにあることが分かります。

　図表9-3より，ケリングの方が，2008年以降，商標資産率が高くなってい
る一方で，LVMHは売上高当たりの商標権を徐々に低下させていることがわ
かります。グッドウィル率の推移と併せて分析すると，LVMHは，商標資産
率を抑えながら，グッドウィル率を上昇させているのです。LVMHは，さま
ざまなブランドを買収する戦略を取っているため，グッドウィルや商標の割合
が各年でバラつきがあることも予想されましたが，実際にはM＆Aにより，
LVMHのブランド力を維持し，さらに向上させ，安定的に成長を遂げています。
そのためにはM＆Aを行う前の入念な買収先の調査と経営分析が行われている
ことが推測できます。

　EU市場統合でクロスボーダーM＆Aが容易になったことをすでに学習しま
したが，以上の分析から，LVMHは市場統合をビジネスチャンスと捉え，有
効に活用している企業だといえるでしょう。つまり，それは，さまざまなブラ
ンド間におけるシナジー効果を引き出すことに成功しているといえるでしょう。

2　第3のイタリア

　ラグジュアリー産業には複合企業の傘下に入っている企業が多数存在する一
方で，1つのブランドで会社を経営し，株式をほとんど公開していないにもか
かわらず，存在感を示している企業があります。フランスのシャネルはその代
表例ですが，フェンディやグッチ以外にもイタリアにはラグジュアリー産業に
は欠かせない企業が多数，存在するのではないでしょうか。

　そのイタリアの産業システムを示す「第3のイタリア」という言葉がありま
す。イタリアはもともと繊維，皮革，宝飾，家具，陶芸など個人や家族単位で
行う伝統産業が盛んな国でした。しかし1950～60年代の資本主義は，“大量生
産・大量消費”に象徴される時代で，効率性を追求するためのオートメーショ
ン化が進み，消費者には伝統産業製品の選択の余地があまりなかったのです。

170　PART 2　産業別ヨーロッパ企業の比較

　しかし1970年代に入り，消費者のニーズが多様化したため，そのニーズに対応するため，小ロット生産かつ迅速な対応が必要となり，個人や家族単位の経営が功を奏しました。そして職人による個性的な財・サービスを供給しました。このような経済の好循環のシステムは，1970 年代以降，イタリアに安定成長をもたらしました。この経済システムが，工業が発達した北部と農業中心の南部の都市ではないフィレンツェやボローニャ周辺の地域を中心とした"第3の地域や都市"で発展したことから，「第3のイタリア」と呼ばれるようになりました。

　またイタリアでは，他のヨーロッパの先進国と比較して，大企業を目指すことや大学を卒業するインセンティブが低いといわれており，教育水準の低さも指摘されています。しかしその結果，伝統産業の技術の継承も家族内で可能となりました。その理由として，政治家や大企業による汚職や不正などがイタリアでは蔓延していることが挙げられます。しかし「第3のイタリア」が実現したのは，魅力的でない政治家や大企業の存在だけでなく，家族との時間を大切にし，伝統を守るというイタリア人の気質があったからではないでしょうか。

　ラグジュアリー産業においても「第3のイタリア」は躍動しました。それまでのファッション産業では，オートクチュール（デザイナーブランドによる高級注文服）が主流でした。その一方で「第3のイタリア」で発展したのが，プレタポルテ（デザイナーブランドによる高級既製服）でした。このプレタポルテが可能となったのは，イタリアにおいて信頼のおける分業体制が確立していたからでもあります。多くの工程を含むファッション産業において，それぞれの工程では，熟練の技が要求されます。イタリアで製造されたプレタポルテは，デザイナーのデザインを忠実に再現したのです。オートクチュールよりも価格は安く，大量生産の既製品よりもデザイン性に富んでいるため，人気を博しました。特に働く女性たちの間で広がりをみせたのです。

　こうして，イタリアのファッション産業はラグジュアリー産業の中で確固たる地位を築いていきました。その代表的なイタリア企業を，所有形態にも注目しながら，みていきましょう。

第9章 ラグジュアリー産業　171

・Max Mara（マックスマーラ）

　Max Mara（マックスマーラ）は1951年に開業しました。イタリア型プレタポルテを完成させたのがマックスマーラです。本社のあるボローニャの北部，レッジョエミリアは創業者ファミリーの故郷です。7番目にブランドとして売り出したマックス＆コーは，今までのブランド品のように各シーズンに1つのコンセプトに絞り込むのとは異なり，美しいと思われるものは，全て出して，それらのコーディネートは消費者に委ねるという商品開発を行いました。従来のブランド品よりも消費者主体のブランドを確立させました。2022年現在，トリノの年金信託銀行が100％株式を保有しています。

・ARMANI（アルマーニ）

　ARMANI（アルマーニ）はジョルジオ・アルマーニによって1975年に設立されました。彼はミラノとボローニャの間にあるピアチェンツァという町の出身です。彼のデザインは，テイストとスタイルを進化させることで，余分なものを排除し，着心地の良さを重視し，エレガントな魅力を強調していると言われています。また彼自身は，自分のデザインはファンからのインスピレーションの影響を受けることが多いと考えています。2022年時点での売上は約23億ドル，従業員は約7,700人と報告されています。また株式は自社で100％保有しています。

・VERSACE（ヴェルサーチェ）

　VERSACE（ヴェルサーチェ）の歴史は，1975年にジャンニ・ヴェルサーチェがミラノでコレクションを発表した時に始まります。彼はトスカーナ地方の会社で修業しました。そしてオーナーから「消費者はますます個性的な服を求めており，そうした服をデザインするにはミラノへ行け」という言葉を受け，ミラノに進出しました。そして兄サントが経営，妹ドナテラがプロモーションを行うという家族による分業体制を確立させ，会社を発展させました。サントは，資金ができると自社工場を作り，品質管理を行いました。そして「デザイナーの想像力を事業化していく性能のよいチームを，ジャンニは自身のまわりに持つことができた」と評されました。2022年時点で，GIVI 持株会社が100％

172　PART 2　産業別ヨーロッパ企業の比較

株式を所有しています。

・FENDI（フェンディ）

　FENDI（フェンディ）は1935年にアデーレとエドアルド・フェンディ夫婦が，ローマに革製品店を開いたことに端を発します。アデーレがものづくり，エドアルドが経営を担当しました。その後5人の娘たちもビジネスに参加し，ブランドの拡大に貢献しました。姉妹たちは，「バッグはより柔らかく，もっと使い易いものにする」や「重くステータスシンボルであった毛皮は柔らかく着心地のよいファッション性のあるものにする」などの提案を行いました。そして姉妹たちの提案は，シャネルのデザイナーでもあったラガーフェルドにより実現されました。80年代には，フェンディファミリーの3代目がビジネスに参入しました。2001年，LVHMが，86.9％の株式を保有し，傘下に入りました。2007年，万里の長城でファッションショーを開催し，世界で話題となりました。2021年のフェンディのコレクションのテーマは「家族の愛と絆」でした。

・FERRAGAMO（フェラガモ）

　靴メーカーのFERRAGAMO（フェラガモ）は，ナポリ近郊のボニート出身のサルヴァトーレ・フェラガモによりアメリカで開業されました。彼は11歳でナポリの靴屋に弟子入りし，13歳には故郷で自分の靴屋を開きました。1923年にアメリカのハリウッドで開業しますが，1927年には腕のよい靴職人を求めてフィレンツェに戻り，専門的な靴職人による生産ラインを導入し，アメリカに輸出しました。サルヴァトーレの死後も彼の妻と6人の子供達が「フェラガモを頭のてっぺんからつま先まで装うことのできる素晴らしいファッションハウスに変貌させる」という夢を引き継ぎ，実現させています。2011年にミラノで上場しましたが，その後も株式の65％は家族が所有しています。

　以上の「第3のイタリア」を代表する企業の事例からわかるのは，家族経営や創業者の経営理念が継続されている点です。そして会社の所有構造としては不特定多数の所有者が存在するのでなく，少数の経営者もしくはその関係者により所有されている点です。それはフェンディのようにLVHMの傘下にある

第9章　ラグジュアリー産業　173

企業にも当てはまります。創業者の経営理念を理解し，それを現代の資本主義においてもビジネスとして成立させているイタリア企業には尊敬の念を抱かずにはいられません。

3　ブランド形成とマーケティング理論

　ラグジュアリー産業の戦略として最も重要なのは，ブランドを形成し，維持していくことです。その方法や戦略はさまざまで，各企業が独自のノウハウを持っているといえるでしょう。もしブランド形成と維持が，1つの法則に従っているとすると，市場にはブランド品があふれ，希少価値がなくなり，ブランド品がブランド品ではなくなってしまいます。ブランド形成と維持については，1つの法則や理論はないと考えられますが，マーケティング理論は，ブランド形成と維持に直接関連しているテーマです。狭義では，マーケティングを単に「市場調査」と捉えることもありますが，今回はマーケティングを広義に捉え，商品やサービスを市場に送り出す全てのプロセスがマーケティングであるとします。

　マーケティングは，企業にとって最も重要な戦略の1つであり，多くの研究者が取り組み，その内容も多岐に渡っています。新しい技術や商品が開発されると，マーケティングの実践も変化し，マーケティング理論も変化してきました。マーケティング理論は，まさに時代とともに進化する理論だといえます。

　ブランド戦略に関してもマーケティング理論の応用，あるいはそれらの組み合わせと捉えることも可能でしょう。数あるマーケティング理論の中から，消費者が消費するまでの心理プロセスと行動を段階的に捉え，その段階ごとの企業戦略を説明するAIDMAモデル，AISASモデル，そしてSIPSモデルを紹介します。

◆　AIDMAモデル

　AIDMAモデルとは，サミュエル・ローランド・ホール氏によって提唱され

ました。消費者の心理・行動プロセスを，Attention（注意）⇒Interest（関心）
⇒Desire（欲求）⇒Memory（記憶）⇒Action（消費行動）の５段階に分け，
企業サイドは，段階ごとにマーケティング戦略の立案を行うべきであるという
モデルです。具体的には，以下のような戦略が考えられています。

　注意段階では商品やサービスを認知してもらうため，TVのCM，WEBバ
ナー広告，新聞雑誌広告などが挙げられます。**関心**段階では，商品やサービス
に対して関心や興味を持たせるために売れ筋ランキングの掲載などを行うこと
も効果があるでしょう。**欲求**段階では，商品の魅力以外にも購入行動に結び付
くような購入時のメリットの提示，割引き，クチコミなどが考えられます。**記
憶**段階では，欲しい商品・サービスを記憶してもらうための追加的な商品，
サービス内容の確認情報の提供や，消費者へのアクセスや営業行為も含まれる
でしょう。**消費行動**段階では，セールスキャンペーンやネット販売や配送サー
ビスなど購入機会の利便性を高める戦略が必要となります。

◆　AISASモデル

　AISASモデルは日本の広告代理店の電通によって提唱されたインターネッ
ト上での消費者の購買行動プロセスを説明するモデルです。**Attention（注意）
⇒Interest（関心）⇒Search（検索）⇒Action（行動）⇒Share（情報共有）**
という流れを消費者の行動としました。AIDMAモデルとの大きな違いは，**検
索**と**情報共有**という実際の行動段階が増えている点と，記憶の段階がない点で
す。そしてすべての段階でインターネットを利用した戦略を取ることも可能で
す。**注意**や**関心**段階ではバナー広告やＥメールでのメーリング，**検索**段階では，
サーチエンジンでの表示順位の向上，**行動**ではネットショップ，**情報共有**段階
ではSNSでの拡散などが挙げられるでしょう。AISASモデルはインターネッ
トの普及した社会での消費者行動とマーケティング戦略を的確に捉えています。

　しかしながらラグジュアリー産業で販売されるブランド品の購買行動を，
AIDMAモデルやAISASモデルだけで説明することは困難です。それは，ブラ
ンド品という特殊な商品の消費プロセスは，より複雑になっている可能性があ
るからです。

◆ SIPSモデルとブランド戦略

　ブランド品を購入する消費者の心理や行動を説明するためにSIPSモデルを紹介します。SIPSモデルは，ソーシャルメディア時代の新しい生活者の消費行動モデルとして紹介されている新しいマーケティング理論です。Sympathize（共感する）⇒Identify（確認する）⇒Participate（参加する）⇒Share & Spread（共有・拡散する）という4段階で示すことができます。たしかに各段階において，ソーシャルメディアが発展してくる中で，商品の認知や実際の消費行動は容易になってくるでしょう。しかしソーシャルメディアを利用しなくても，SIPSモデルの示す行動は可能であり，従来のブランド品を購入するという行動を，ソーシャルメディアを使用しないSIPSモデルとして解釈してみましょう。

　最初のSympathize（共感する）の段階では，発信する企業の歴史や社会貢献，セレブやファッションモデル達による広報により，ブランド品への憧れや創業者への尊敬，そして企業活動への共感を誘発することがブランド品には求められるでしょう。

　Identify（認識する）の段階では，まさに商標によるブランド形成を通じて消費者に認識してもらうという戦略をラグジュアリー関連企業は取っています。

　Participate（参加する）の段階では消費者は，4つのレベルに分類されます。最下位は単にパーティシパントと呼ばれ，企業のサイトにアクセスしたり，キャンペーンに参加するような消費者を指します。次のレベルがファンであり，実際に商品を購入し，ブランドのコミュニティに参加する消費者です。その上がロイヤルカスタマーで，ブランド品のリピーターで商品やサービスの改善に関する意見を伝える存在です。そして最高位はエバンジェリスト（伝道者）と呼ばれ，私的に応援し，競合他社の商品を避け，ブランドへの一種の忠誠を誓うような存在を意味します。

　1990年代に日本では"シャネラー"という言葉が生まれました。シャネルを愛好し，全身をシャネルのアイテムでコーディネートする人を指す言葉です。"シャネラー"は，SIPSモデルではロイヤルカスタマーやエバンジェリストに相当する消費者だといえます。ブランド品の消費者群は，他の一般的な商品の

消費者群と比較して，ロイヤルカスタマーやエバンジェリストの割合が多くなっているのではないでしょうか。

　Share＆Spread（共有・拡散する）の段階もブランド戦略の立案に応用できます。ブランド品を購入する人には自己顕示欲があるといわれています。つまりブランド品を購入した消費者にとっては，ブランドを所有している自己の存在を他人に示し，ブランドの良さを伝えることも重要な行動となります。それはまさに消費行動の最初のSympathizeの段階でブランド品を購入した消費者自身が体験したことを他人にも追体験させることにもなります。また商品やサービスの改善への提案やブランドへの忠誠心を示すためにも，情報共有・拡散の段階は重要になってくるのです。ソーシャルメディアの普及はこれらのブランド購入者の行動を容易にしてくれるのです。

　このようにブランド戦略は，SIPSモデルを用いても説明できる部分があります。しかし現在あるブランドの多くは，ソーシャルメディアを利用せずにその地位を確立していることに注意が必要です。長い時間と多くの費用をかけ，さまざまな人々の工夫と努力によって，ブランドが形成され，維持されているのではないでしょうか。

◆　ブランド戦略の矛盾

　ブランドは，一朝一夕には形成されません。また消費者を魅了するためのブランド形成のストーリーを意図的に作るのは困難です。さらに全ての人がブランドの消費者になるとブランドの特別感や希少性という価値がなくなり，そもそものブランドの価値がなくなる可能性もあります。そのようなブランドを購入する消費者の行動は，「ヴェブレン効果」として知られています。人が商品の実用的な効用だけでなく，価格や特別感によって，その商品に価値を見出す効果です。つまり単に需要や売上を増やすことが望ましい戦略ではありません。

　「ブランド戦略に法則はない」というメッセージは，SIPSモデルが示したソーシャルメディアが普及する社会においても維持される一方で，消費者の自己顕示欲や「ヴェブレン効果」を増大させるようなソーシャルメディアの活用は，新たなブランド戦略の可能性を示しているのではないでしょうか。

ケースに学ぶ

黒真珠の価格は高いのか？

　イタリア人のサルバドール・アセールは「真珠王」と呼ばれていた。それは，日本の真珠とスイスの腕時計を交換するという商売で成功を手に入れたからだった。

　この「真珠王」アセールは，知人からタヒチの海にいるクロチョウガイの中に黒真珠があることを教えられ，この黒真珠でビジネスを展開することを持ち掛けられた。そして大量の黒真珠を採り，世界中に売りさばく計画を立てた。1970年代当時，黒真珠はほとんど販路もなく，見た目も鉄砲玉のようだったため，結局，最初はひとつも注文を取ることができなかった。

　アセールが次に取った戦略は，黒真珠を安売りすることでも白真珠とセットにして売ることでもなく，ニューヨーク5番街にある店舗のショーウィンドウに黒真珠を飾り，法外に高い価格を付けることであった。そして豪華なグラビア雑誌にダイヤモンドとルビーとエメラルドのブローチと一緒に，黒真珠のネックレスの写真を掲載した。黒真珠は瞬く間に人気のアクセサリーとなり，ニューヨークで裕福な層から求められるようになった。このサクセスストーリーの仕掛けは一体何だったのだろう。

　一般的に価格は，商品の需要と供給によって決定され，「市場が競争的であれば，商品の価格は商品の製造や販売にかかるコストから大きく外れることなく決定される」と説明されるだろう。しかし黒真珠のケースでは，そもそも最初に需要は存在せず，競争相手も存在しない状況であった。そのような場合に，「刷り込み」という生理現象を利用した価格設定が行われた。

　「刷り込み」とは，動物が生まれて最初に見た動く物体に愛着を持つという自然現象のことで，ひな鳥が母鳥と別の生き物を間違えるという行動が有名である。人間においても初めて見た製品の価格が，最初に刷り込まれると，それ以降も同じ製品に同じ価格を支払うような行動が見られることが利用されていた。このような価格設定を「アンカリング（係留）」と呼ぶ。

　つまり黒真珠は，最初に市場に出てきた時点で，最高級の宝石として「アンカリング」されたため，それ以降も消費者には，黒真珠の生産コストが分からず，法外な価格が付けられていたとしても，その価格を出すことに違和感がないのである。この「アンカリング」は，ブランド戦略全般にも応用されている。ブ

178 PART 2 産業別ヨーロッパ企業の比較

ランド品がめったに安売りをしないのは，そのためである。安いブランド品が偽物であると認識するのも，このような「アンカリング」の効果があるからだろう。

Somo教授のTutorial

行動経済学

Jeanne ：ブランド戦略の説明で，ヴェブレン効果やアンカリングという用語が出てきましたが，行動経済学の理論ですね。行動経済学は，今までの経済学とは全く違うのでしょうか？

Somo教授：従来，経済学で想定されていた「合理的な行動＝効用最大化」が必ずしも成立しないことを前提に，人間本来の行動の特徴を，実験などを通じて研究するのが行動経済学です。実験経済学や経済心理学の成果によって導出された理論が，行動経済学の中心となります。2002年にダニエル・カーネマン氏らが行動経済学でノーベル経済学賞を受賞し，近年，目覚しい発展を遂げました。様々な理論がある一方で，実験に対する妥当性や一般化への問題点も指摘されています。

Jeanne ：従来の経済学を批判している部分や補完している部分もあるということでしょうか？

Somo教授：たしかにそうですね。行動経済学の代表的な理論を紹介しましょう。

損失回避性（Loss Aversion）
ある額の取得による満足度よりも同額の損失により失う満足度（損失度）のほうが，より大きいと感じるため，人は損失を回避する行動をとる傾向。

確実性効果（Certainty Effect）
確実に良いことが起きる場合の方が，わずかな確率で悪いことが起きる場合よりも価値が高く，選択される可能性が高いこと。

心の家計簿（Mental Accounting）
お金は，その用途に関係なく使えるにもかかわらず，心の中で，目的に応じてお金の使い途を決めて行動すること。

授かり効果
自分の現在持っているものを過大評価する効果。これまでの最良のものを基準に判断する効果。

現状維持バイアス

変化を嫌い，現状を維持しようとする傾向。

決定の不可逆性

一度行った過去の決定は覆すことができないため，家の購入など
では合理的な決定ができなくなること。

埋没費用（サンクコスト）の誤謬

すでにかけた時間や労力は埋没してしまい，回収不可能なため，
計画の途中での中断などができなくなり，損失を増大させる過ち。

Jeanne　：色々な理論があるんですね。これらの理論は日常で観察されるよう
　　　　　な行動ですが，理論と呼ばれるのはどうしてですか？

Somo教授：行動経済学の理論は実験によって検証されています。従来の経済学
　　　　　の理論では説明できないのに，一般的な人間行動として具体的に観
　　　　　察される行動を仮説として設定し，実験によって証明されたものが
　　　　　理論となっていきます。

Jeanne　：その方法は，経営学の方法論である帰納法に似てますね。

Somo教授：その通りです。行動経済学の方法論は経営学や心理学と同じ帰納法
　　　　　が用いられる点が特徴となっています。

Jeanne　：経済学も他の学問領域の影響を受けて進化しているんですね。

Somo教授：そうです。より最近では，リチャード・セイラー氏が2017年に
　　　　　ナッジ理論でノーベル経済学賞を受賞しました。ナッジとは
　　　　　nudge＝「ひじで少し突く」という原義から，強制ではないやり方
　　　　　で，人の行動を変えるための理論です。政策，経営戦略，保険制度
　　　　　にも応用されており，注目されています。

ヨーロッパの街角で

Roma
（ローマ）

　ドイツの語学コースで友人となったValerioに会うために，1996年にローマを訪問した。Valerioとはドイツで，日本のアニメの話で盛り上がった。今でこそ日本のアニメが，世界的に人気を博しているが，当時は，イタリア人が，ドイツ語で日本のアニメについて熱く語るのが新鮮だった。Valerioは得意気に「一番好きだったアニメは，タイガーマンさ！」と言っていた。日本では"タイガーマスク"だが，イタリアでは"タイガーマン"だったそうだ。ローマに到着し，ホテルに入って，テレビをつけると，早速「ルパン三世」が放映されていた。確かにイタリアでは，当時から日本のアニメが人気だった。ローマ滞在中は，Valerioの友人たちとも仲良くなり，一緒にランチをしたり，カフェに行ったり，お宅に呼ばれて"Shogun"というボードゲームも楽しんだ。私はイタリア人と気が合うと思っている。

　ローマでは，観光にはあまり行かなかったが，数えきれないほど観た映画「ローマの休日」の大好きなシーンの舞台であるスペイン広場とサンタンジェロ城には訪れた。真実の口もトレビの泉も人が多くいるだろうと思い，映画の中のイメージを壊したくなかったので，あえて行かなかった。

　その代わり，ローマから電車に乗りフィレンツェまでの日帰り旅行も楽しんだ。フィレンツェで訪れた美術館や教会よりも，途中で風を受けながら車窓越しに見た村や草原の方が，なぜか目に焼き付いている。「こんなところに住んでみたい」と一瞬，頭をよぎったからだろうか。今思うと，まさにあの風景の向こうに「第3のイタリア」という現代の日本人が失くしてしまった1つの理想的な世界が広がっていた。「受験戦争」も「出世競争」も「通勤地獄」もなく，孤独死が社会問題化することもなく，家族が伝統を受け継ぎ，一緒に生活し，共に働くという世界が。

本章のまとめ

　ラグジュアリー産業では他の産業に比べて，利益率，グッドウィル率が高くなっています。ラグジュアリー産業における「第3のイタリア」の実践は，資本主義において新たなビジネスモデルを提供しています。最新のマーケティング理論であるSIPSモデルは，新たなブランド戦略となる可能性があります。

参考文献

阿部誠（2021）『サクッとわかるビジネス教養　行動経済学』新星出版社　2021年3月.
アリエリー・ダン（2013）『予想どおりに不合理』（熊谷淳子訳）早川書房2013年8月.
小林元（2002）『人生を楽しむイタリア式仕事術』日本経済新聞社出版2002年3月.
長沢伸也（2010）『シャネルの戦略』東洋経済新報社　2010年1月.

第10章　生活関連産業
―生活を彩る企業の秘密に迫る！―

　雑貨や食品などわれわれの生活に密着している生活関連産業のビジネスの特徴について学習します。これまで学習したコーポレートガバナンス，M＆A，マーケティング，そしてEUの市場統合下での競争の効果について，数値データと事例を用いて復習します。

1　生活関連企業のパフォーマンスの比較

　生活関連産業とは，さまざまな製品群を扱う企業が含まれますが，本章では，食品，家具・装備品の他，玩具やサニタリー製品，ヘルスケア製品など主に最終消費者が直接消費するような生活に密着した製品を扱う産業とします。規模が大きい企業の中で，業種，本社の国籍などの多様性と知名度などを考慮して，食品産業のネスレとユニリーバ，美容業界のL'Oréal（ロレアル），スポーツ製品メーカーのadidas（アディダス）のデータを抽出しました。そして比較のために，日本における食品最大手のアサヒグループを抽出しています。

　図表10－1より，アディダス以外の生活関連企業の4社ではグッドウィル率がラグジュアリー産業よりも高くなっている点に特徴を見出すことができます。アディダス以外の企業は，食品や美容品など身体に直接影響するような商品を扱っています。企業ブランドへの消費者からの信頼度が高くなければ，企業として成長することはできないため，グッドウィル率が高くなっていると推測できます。

◆　ネスレ

　生活関連企業の中ではスイスのネスレが，売上高，従業員数そして株式時価

184　PART 2　産業別ヨーロッパ企業の比較

総額において，最も大きくなっています。第4章でもみたように，ネスレはM＆Aを行い，多角化を進め，成長を遂げました。その一方で企業の効率性や株主価値を示す値は，イギリスのユニリーバやフランスのロレアルが，ネスレよりも優れています。ネスレのM＆A戦略によりシナジー効果が有効に作用してきたかどうかの判断は難しいですが，データの比較分析から，多種多様な商品群の間でシナジー効果を発揮する余地はまだあるのではないでしょうか。

図表10－1 ┃ 生活関連産業のパフォーマンス比較（2022年）

会社名	ネスレ	ユニリーバ	ロレアル	アディダス	アサヒグループ
本社所在国	スイス	イギリス	フランス	ドイツ	日本
設立年	1866年	1894年	1907年	1949年	1949年
売上高（百万ドル）	103,143	64,074	40,809	24,311	18,948
従業員数（人）	275,000	126,988	87,369	59,258	29,920
利益率（％）	12.94	17.21	19.89	1.70	8.20
労働生産性（千ドル）	154	193	327	188	207
株式時価総額（百万USドル）	319,128	127,634	190,429	24,528	15,743
株主資本比率（％）	31.66	27.89	58.04	26.36	42.71
株主資本利益率（ROE）（％）	28.80	47.63	27.99	7.25	9.99
R＆D率（％）	1.78	1.51	3.05	0.67	0.60
グッドウィル率（％）	32.83	35.97	30.63	5.53	78.26
子会社率（10,000％）	7.16	14.67	9.97	6.42	4.49

出所）Moody's社のデータベースOsirisより抽出したデータに基づき筆者作成

◆ ユニリーバ

　株主資本利益率（ROE）は，ユニリーバが5社中でトップです。ユニリーバもネスレ同様，M&Aにより多数のブランドを持つ複合企業として成長してきました。主に食品，ボディケア，サニタリー製品などのブランドを展開しています。1917年にウォールズアイスクリーム社，1927年にピーナッツバター会社カルベ社を買収しました。そして紅茶メーカーのリプトン社も買収します。1984年から1989年にかけては，約80社を買収し，成長しました。2010年にはアメリカのヘルスケア大手のカルバー社，2011年にはロシアの化粧品メーカー最大手のカリーナ社を買収し，多角化を進めました。

　このように他社を買収することで事業の拡大を続けてきたユニリーバにも，近年，転機が訪れました。2017年の競合他社であるクラフトハインツ社によるユニリーバの買収提案を撤回させてからは，他社からのM&Aを回避するために事業の再編が行われました。まず初めに，今後の成長が見込めないと判断した創業以来のマーガリン事業を売却しました。そして2020年にはTAZO，リプトンなどのブランドを展開するエカテラ社を発足させ，茶葉，飲用関連事業を分社化したのです。しかし，このエカテラ社も2022年には，売却されました。

　時間をかけて形成し，消費者の認知度が高いブランドを維持することで長期的かつ安定的に成長するという戦略ではなく，短期的な株主価値を常に最優先しているイギリスの上場企業ユニリーバの戦略が，最近の実践からもうかがえます。ROEが高いことからも株主価値を重視していることは明らかであり，不特定多数の株主から資本を調達するシステムを持つイギリス企業の特徴も示しています。

◆ ロレアル

利益率と労働生産性では，他社よりもフランスのロレアルが優位に立っています。ロレアルはＲ＆Ｄ率でも高い数値となっています。その理由を考察するために，図表10－2には，ロレアルの2022年の製品構成比率を示しています。

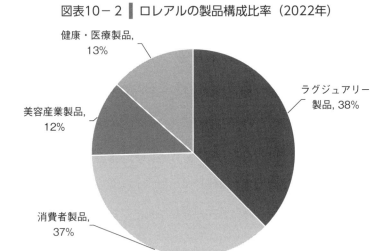

図表10－2 ロレアルの製品構成比率（2022年）

出所）Moody's社のデータベースOsirisより抽出したデータに基づき筆者作成

ロレアルの商品構成の中では，ラグジュアリー製品とスキンケアや化粧品などの消費者商品が，ほぼ同じ割合で全体の75％を占めています。これらの商品群はブランドを形成しており，ラグジュアリー産業と同様のビジネスモデルであるため，利益率や労働生産性が高くなっていることが推測できます。さらに健康・医療製品も一定の割合で販売していることから，研究・開発を行う必要があるため，Ｒ＆Ｄ率が高くなっていることも推測できるでしょう。

第10章　生活関連産業　187

◆　アサヒグループ

　アサヒグループのデータですが，日本の食品最大手でありながら，食品産業のネスレとユニリーバと比較しても，かなり低い水準に留まっています。

　これら2社がM＆Aで規模を拡大し，多数のブランドを保持し，世界のさまざまな市場でビジネスを展開しているのに対して，アサヒグループは，日本市場のシェアが高く，日本におけるライバルとの競争に重点を置くような経営方針です。和食が世界でも注目され，日本のビールも認知されてきたことから，グローバル戦略について積極的に検討する時期にあるのではないでしょうか。

2　生活関連産業とEUの市場統合

　本章の第1項で述べたように生活関連産業は，最終消費者が直接消費する製品が多いため，消費者の実生活の変化を反映しやすい特徴があります。そこで，本書のテーマの1つでもある「EUの市場統合の経済活動への影響」の検証のために，上記のヨーロッパの生活関連企業4社のパフォーマンスを，単一通貨ユーロが導入された直後の2000年以降について示します。企業自体とパフォーマンスの時間的変遷の特徴をみることでEU域内における「人，もの，サービス，資本の自由移動」の実状について再検討していきましょう。

◆　売上高にみるEU市場統合の効果

　図表10−3は，生活関連企業4社の売上高の推移を示しています。売上高は4社ともに2000年以降増加傾向がみられます。

188　PART 2　産業別ヨーロッパ企業の比較

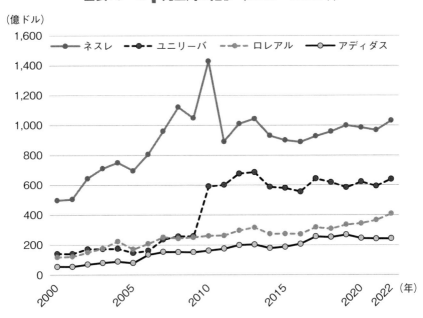

図表10－3 ▎売上高の推移（2000－2022年）

出所）Moody's社のデータベースOsirisより抽出したデータに基づき筆者作成

　売上高の推移は，企業の業績だけでなく，消費者の需要の推移も反映していることから，経済全体として成長していることがわかります。しかしながら，これら4社は，ヨーロッパを代表する企業ですが，グローバル企業でもあるため，ヨーロッパ以外の地域でもビジネスを展開しています。よって売上高の推移とEU域内での経済状況の推移は必ずしも一致しません。例えば2009年から2010－2011年にかけて，ユニリーバの売上が飛躍的に伸びていますが，これはアメリカやロシアの企業を買収した時期と重なるためEU域内での市場統合の影響であるとは判断できません。

　時間的経過を伴うため，データに制約があり普遍的な分析は困難ですが，ユニリーバとロレアルのヨーロッパにおける売上の推移を確認します。図表10－4はユニリーバのヨーロッパ地域における売上高の推移，図表10－5はロレアルの同様のデータを示しています。

図表10－4 ユニリーバのヨーロッパの売上高の推移（2004－2019年）

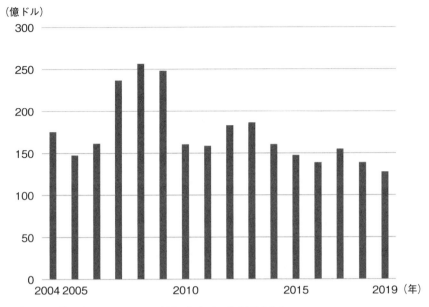

出所）Moody's社のデータベースOsirisより抽出したデータに基づき筆者作成

　図表10－4は，ユニリーバの2004年から2019年のヨーロッパ地域での売上高の推移のデータとなりますが，15年間で売上は成長していません。図表10－5では2000年から2022年のロレアルのヨーロッパ地域での売上の推移を示しており，この間，成長しているように見えますが，報告されているデータの一貫性に問題があり，必ずしも成長しているとはいえません。2000年から2002年の間はEU域内における売上高のデータ，2003年から2020年の間は，西ヨーロッパ地域の売上高，そして2021年と2022年はヨーロッパ全域の売上高が示されています。2021年以降，売上が伸びているように見えますが，実際には地域が拡大されたデータであるため，売上が伸びているとはいえません。2003年から2020年の西ヨーロッパ地域のデータでも売上の成長は観察されません。
　ネスレとアディダスに関しては，ヨーロッパ地域における売上高の推移を示すデータを抽出することができませんでしたが，以上の分析から総合的に判断できるのは，ヨーロッパの生活関連企業自体は，グローバルにビジネスを展開

図表10−5 ロレアルのヨーロッパの売上高の推移（2000−2022年）

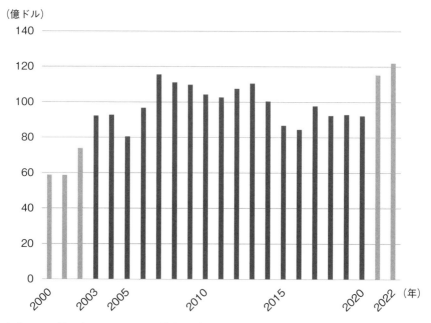

出所）Moody's社のデータベースOsirisより抽出したデータに基づき筆者作成

しているため，M＆Aなどを通じて成長をしていますが，市場統合後のヨーロッパ地域での持続的な成長は，確認できないということです。つまり生活関連産業の大企業の売上を伸ばすことに貢献するような「ものやサービスの域内での自由移動」という市場統合の実際の効果は，以上の分析からは確認できませんでした。

◆ 「資本の自由移動」の検証

　それでは，資本の自由移動に関する実質的な効果はどうでしょうか。**図表10−6**は，生活関連企業4社の株式時価総額の推移を示しています。4社の間で，資本の規模や株式の構成や比率に違いはあるものの，増加傾向のトレンドは共通してみられます。時価総額は，資本市場が地政学リスクや世界の景気変動にも影響を受けるために，企業の業績や経営方針だけで決定されるもので

第10章　生活関連産業　191

図表10-6 ▌株式時価総額の推移（2002-2022年）

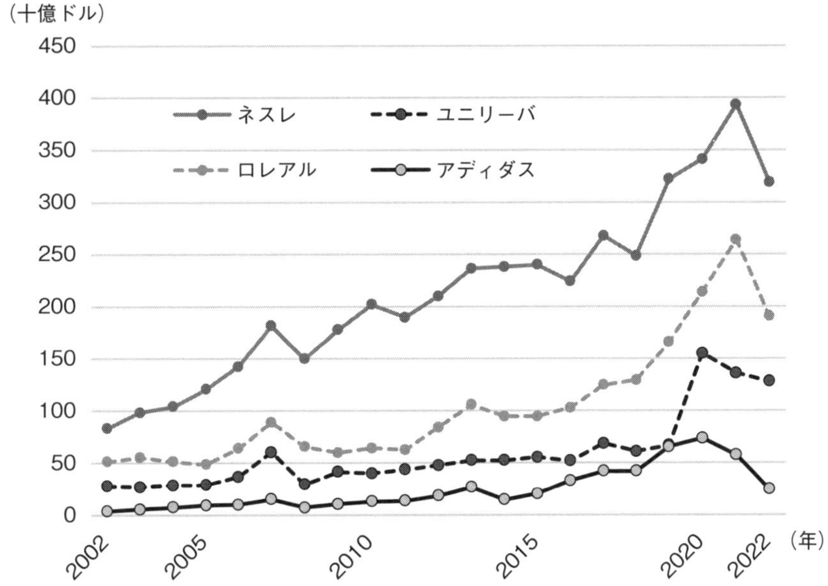

（十億ドル）

出所）Moody's社のデータベースOsirisより抽出したデータに基づき筆者作成

はありません。つまり４社の時価総額が同じようなトレンドを描いて，成長して
いるということは，資本市場が，競争的で発展していることを示していると
判断できるでしょう。したがってEUの市場統合後の資本市場においては，資
本の自由移動が，ある程度，達成されていると推測できます。

◆　「人の自由移動」の検証

　最後に「人の自由移動の保障」に関する効果について検証しましょう。次頁
の図表10-7は，上記４社の従業員数の推移を示しています。従業員数に関
しては，４社の間で違う傾向が見られます。ネスレは2012年頃まで増加傾向に
ありましたが，その後，減少傾向に転じています。ユニリーバは2005年以降の
データですが，常に減少傾向にあります。ロレアルとアディダスは，2000年以
降，増加傾向を示しています。以上の４社の従業員数に関する推移のデータは
一貫したトレンドを示しておらず，従業員数の増減にはさまざまな解釈が可能

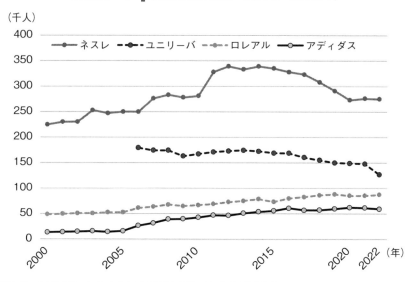

図表10－7 従業員数の推移（2000－2022年）

出所）Moody's社のデータベースOsirisより抽出したデータに基づき筆者作成

なため，人の自由移動の効果を検証することが困難です。もう１つの指標として従業員一人当たりの報酬の推移についてみてみましょう。

　図表10－8は，４社の従業員一人当たりの報酬の推移を示しています。従業員数の推移と違い，４社の間には共通して報酬が増加するトレンドが確認できます。ロレアルの報酬の伸びが，最も大きくなっており，他３社は報酬額もその増減のトレンドも似ていることが分かります。報酬が増加しているのは事実ですが，このデータは物価水準の変動を考慮した実質の報酬データではなく，名目の報酬です。このトレンドは物価水準の変動を反映していると考えられます。そしてネスレ，ユニリーバ，アディダスの報酬の水準に差がないのは，これらの企業が同じ生活関連産業の中で競合しているからだと推測できます。第１章で示したように，ヨーロッパ地域では，1999年の物価水準を100とすると，2022年は約170になると報告されています。つまり23年間で物価は約1.7倍に上昇しています。一方で，22年間の報酬の変化は，ネスレは約1.7倍，アディダスが約1.2倍，ロレアルが約2.1倍となっています。ユニリーバは12年間で約1.3

第10章　生活関連産業　193

図表10-8 ▎一人当たりの報酬の推移（2000-2022年）

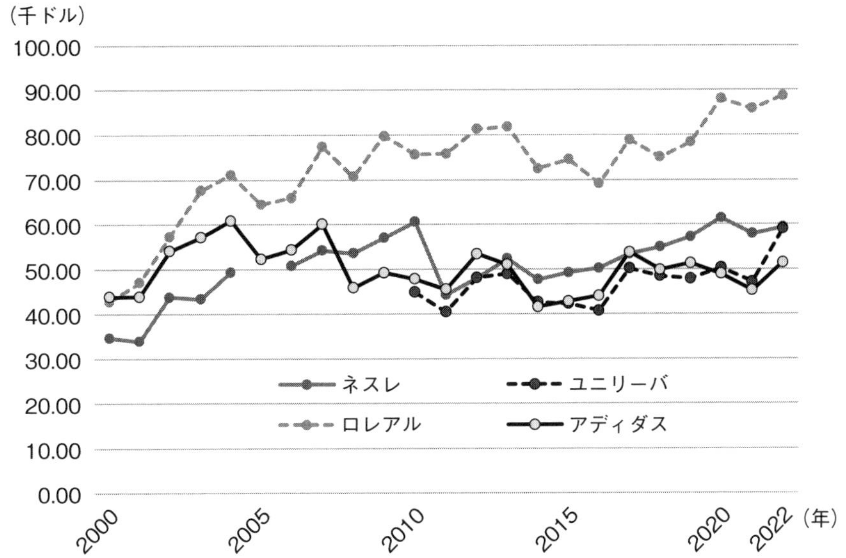

（千ドル）

出所）Moody's社のデータベースOsirisより抽出したデータに基づき筆者作成

倍です。つまりロレアル以外は，物価上昇を超えるような報酬の上昇とはなっていないのです。

◆　ロレアルのビジネスモデル

　ロレアルと他の3社のビジネスの違いと報酬の違いについて検討しましょう。ロレアルは4社の中で報酬額も高く，その伸びも大きくなっていますが，その理由は，ロレアルのビジネスがラグジュアリー産業に近いことと研究・開発活動を伴うヘルスケア製品の製造を行っていることだと推測できます。なぜならラグジュアリー産業におけるブランド品のデザインや制作，医薬・美容品の研究・開発には特殊な技能や高い専門知識を必要とするからです。

　このような希少な人材を雇用するためには，高い報酬を支払う必要があり，EUの市場統合によって，そのような人材の確保が比較的容易になったことが予測できます。ロレアルの2000年以降の利益率の推移は，他の3社と比べても安定していることも考慮すると，EUの市場統合は，ロレアルのビジネスモデ

ルや業績にとって，望ましい効果をもたらしたと考えられます。

　その一方で，ネスレ，ユニリーバ，アディダスの3社のビジネスモデルでは，特殊な技能や高い専門知識を習得した人材は，ロレアルと比較してそれ程，必要とされないはずです。3社の報酬が同じような水準で，物価の上昇幅を超えない程度で推移しているのは，これらの企業の従業員は，同じ職種に属し，なおかつ，労働市場が競争的になっている可能性が高いからです。つまりEUの市場統合により，人の自由な移動が達成された結果として，労働市場が競争的になったという解釈が可能です。そして市場統合は，従業員の報酬の実質的な増加を抑える効果ももたらしたことが推測できます。

◆　企業行動によるEU経済の分析

　以上の生活関連産業の4社のパフォーマンスの推移に関する分析は，EUの全ての地域で起こっているとは限りません。産業や従業員の特徴，経済状況の違いによって市場統合の影響には，もちろん違いはあるでしょう。しかしながら，上記の4社は，ヨーロッパ最大規模の企業であり，売上高や従業員数も多く，ヨーロッパ経済に与えるインパクトが大きいのも事実です。そしてEU全体や各国の経済パフォーマンスに関するデータだけでは見えてこないような企業と従業員，そして市場との関係を各企業のデータを読み解くことで推測することも可能です。生活関連産業における企業パフォーマンスを比較することで，マクロデータには反映されないEUの市場統合のさまざまな効果を見つけ出すことも可能となります。

3　非上場の生活関連企業

　ヨーロッパの生活関連産業の中には，所有構造に特徴がある大企業が存在します。非上場企業であるため，所有構造やグループ会社の関係，資本や収益などに関するデータに制約があります。以下ではグローバル企業であるスウェーデンで創業のIKEA（イケア）とデンマークのLEGO（レゴ）について，その所有構造と経営スタイルを中心に紹介します。

◆　IKEA（イケア）

・イケアの歴史とビジネスモデル

　イケアは，1943年にスウェーデンで設立された家具量販店です。1963年以降，海外に進出し，日本には2006年にイケア1号店が，千葉県船橋市にオープンしました。2022年時点で，世界で460店舗を展開し，売上高はグループ全体で446億ユーロと報告されています。そして2022年の1年間の実店舗への来店者は8億2,200万人，オンラインストアには43億人がアクセスしていると報告されています。組立式の家具を自社で開発し，カスタマーが自動車で持ち帰ることができるという"フラットパック"というコンセプトは，家具業界での新しいビジネスモデルを確立させました。自社の商品でコーディネートされたショールームは，実際に商品を使ってみたり，手に取ったりすることを可能にしました。そしてカスタマーは購入した商品を自ら倉庫で収集し，持ち帰ります。ショールームや倉庫だけでなく，レストランやカフェを併設した大型店舗には，カスタマーが長時間，店舗に留まるような仕掛けが施されているのが，イケアの特徴となっています。イケアの商品は安価でデザイン性が高いことも特徴の1つです。その理由は，北欧スタイルの家具のデザインは，イケアのデザイナーが手掛け，製造に関しては50カ国以上の国々で，1,000以上のパートナー企業が行っているからです。

・イケアの複雑な企業形態

　このように世界最大の家具量販店であるイケアの企業形態の特徴は，非営利法人と非公開企業の存在，そしてフランチャイズ方式だといえます。フランチャイズ制とは，フランチャイジー（franchisee）がフランチャイズ料をフランチャイザー（franchisor）に支払い，商品やロゴ，ビジネスコードを使用する権利を得る契約のことです。つまりわれわれが普段，目にしているイケアの店舗は，実際にはイケアの所有財産ではないのですが，商品ラインナップや店舗のデザインが統一されています。これはイケアのフランチャイズ契約を世界各国で進めているからに他なりません。

　このように世界で家具の量販ビジネスを展開しているイケアは，複雑なガバナンス構造を持っており，非営利法人が最終的な所有者となっています。地域や機能に応じて多くの組織や会社に分かれていますが，基本的に３つのグループに分かれて，イケアのフランチャイズビジネスを統括しています。それらは，オランダの公的な慈善財団Ingka Stichtingが所有者のIngkaグループ，リヒテンシュタインに本拠を置くInterogo Foundationが所有するInterogoグループ，そしてリヒテンシュタインに本拠を置くInter IKEA Foundationが所有者のInter IKEAグループです。これら３つの所有者は全て非営利法人ですが，グループ傘下には多くの営利法人を含んでいます。

　Ingkaグループは，イケアグループ最大のフランチャイジー（franchisee），つまり加盟店としてビジネスを展開しています。2022年時点で482の加盟店舗やe-コマースやデジタル関連業務を統括するグループです。Ingka Stichtingが100％株主となっているオランダの非公開株式会社Ingka Holding B.V.がさまざまな地域や業種の子会社を所有し，実質的なイケアの小売事業や投資企業などの業務を行っています。2022年にはイケアの小売部門の89％以上の売上をIngkaグループが生み出しています。

　Interogo Foundationは財団法人であり，IKEAの価値を確固たるものすることと，そのための資金的基盤を保障するために設立された非営利法人です。その一方で，スイスに本社を置くInterogo Holdings AGは投資ビジネスを行う株式会社で，Interogo Foundationが100％株式を保有しています。そのため株主としてInterogo FoundationはInterogo Holdingsの取締役メンバーと監査役メ

ンバーを指名します。Interogo Holdingsは，投資ビジネスとして投資信託へのアドバイス，株式や不動産，社会インフラへの投資を行っています。

Inter IKEAグループは2023年にInterogoグループより独立した新しいグループです。リヒテンシュタインに本拠を置くInter IKEA Foundationが100％株主となっているオランダのInter IKEA Holding B.V.は，フランチャイザー（franchisor）として加盟店とフランチャイズ契約を結ぶ業務を担当しています。

・メタナショナル企業としての社会的責任

以上のように分割されたグループとなっているために，イケア全体でのパフォーマンスや企業価値を評価することが困難になっています。不特定多数の株主ではなく，財団法人が所有者となっているため企業価値を公表する必要はなく，事業内容が不透明になっています。このような企業のガバナンス構造は他のステークホルダーに対する社会的な責任を果たしているといえるでしょうか。製品の安全性や働く人や地球環境に配慮したビジネスを展開していることを強調し，公表することが昨今のトレンドとなっていますが，財団法人が所有者である以上，ビジネスから得られた収益をどのような目的に使っているのかを公表すべきです。しかしながらイケアの組織が分割され，創業されたスウェーデンではなく，オランダやリヒテンシュタインに本拠や本社を置くのは，一体なぜでしょうか。第2章で学んだ多国籍企業論を応用すれば，イケアはメタナショナル経営を行っていると解釈できるでしょう。つまりイケアグループでは，親会社と子会社という関係は成立せず，国単位で分断された経営体を想定しておらず国境を越えてネットワークを形成することで競争優位性を維持しているという解釈です。

しかしながらイケアグループ全体を所有する財団法人をオランダやリヒテンシュタインに設立する理由は，極めて単純です。オランダでは他国と比較して，財団法人の設立が容易であり，実際の活動や財務状況を詳細に報告する義務がないからでしょう。つまり財団法人としての目的や運営に関して十分な規制がないのです。さらにリヒテンシュタインは，タックスヘブン（税金回避地）と言われており，法人税が低いだけでなく，相続税や贈与税がかかりません。EUで市場統合が進むことで，イケアのように企業組織をEUのさまざまな地域

に分散させることで，効率的に組織運営やビジネスを行うことが容易になったという解釈も可能です。

その一方で，EU域内での国ごとの制度の違いを利用して，公正でない競争を行っている可能性も否定できません。イケアの財団法人を含んだ組織は，イケアの事業や財務状況を不透明なものにし，ステークホルダーに対する社会的責任を十分に果たしているとはいえない可能性があります。

◆ LEGO（レゴ）社

・LEGO社の商品コンセプト

LEGO社は1932年にデンマークで設立された玩具メーカーです。デジタル化やインターネットが普及し，さまざまな玩具やゲームがある中で，現在でも世界中で子どもから大人まで人気の高い玩具を提供しています。

LEGO社の設立者Ole Kirk Christiansen氏は大工の棟梁であり，家づくりや家具の製造を行っていました。しかし世界恐慌のあおりで新築の需要が減ったため，木製の玩具を作り始めたのが設立のきっかけでした。そして第二次世界大戦後，新素材であるプラスチックを利用し，「スタッド・アンド・チューブ」方式で特許を取得し，現在のLEGOブロックが誕生しました。

ロングセラー商品であるLEGOブロックが誕生したのは偶然ではありません。それは以下のLEGO社の玩具へのこだわりを示した10のルールに唯一当てはまった商品がLEGOブロックだったからです。

1. 遊びに無限の可能性
2. 女の子にも，男の子にも
3. どの年齢の子どもも夢中になる
4. 一年中遊べる
5. 子どもに刺激を与え，調和のある遊び
6. 飽きがこない遊び
7. 想像力と創造力を伸ばす
8. 使うほどに遊びの価値が増す
9. 常に現代的
10. 安全で高品質

第10章　生活関連産業　199

　いかがでしょうか。LEGOブロックには，上記の10のルールがすべて当てはまっているのではないでしょうか。特に「10. 安全で高品質」に，LEGO社は真摯に取り組んできました。1970年代にプラスチックに含まれるカドミウムの害が議論された際に，LEGOブロックは，人体に影響がない程度の微量のカドミウムしか含んでいないことが実証されていました。しかしLEGO社は，何百年も先に，地球に埋もれたブロックから，成分が水に溶け出し，環境に悪影響を与える可能性を否定できないという理由で，カドミウムを一切使用しない製品開発を行いました。研究開発や製造コストの増加よりも安全性と高品質を優先させました。

・LEGO社のパフォーマンス

　LEGO社は非公開株式企業です。その株主構成は，Kirkbi A/Sが66％，Koldingvej 2, Billund A/Sが25％を所有しています。Kirkbi A/S社は，LEGOの本社やLEGOランドのあるBillund（ビルン）にある投資会社で，LEGO社の創業者のChristiansen家のために金融投資も行っています。Koldingvej 2, Billund A/Sもビルンにある機関投資会社でLEGOの代表であるChristiansen氏が代表を務めています。LEGO House などのLEGO社の関連施設を所有し，運営を行っている会社です。以上の所有構造から，LEGO社は創業者の家族によって所有と経営が一体になっている企業といえるでしょう。

　LEGO社は非上場企業であるため公開されているデータは少ないのですが，2017年から2022年の業績をみてみましょう。図表10－9はLEGO社の売上高と営業利益の推移を示しており，安定した成長傾向が確認できます。

200　PART 2　産業別ヨーロッパ企業の比較

図表10－9 ┃ LEGO社の売上高と営業利益の推移（2017－2022年）

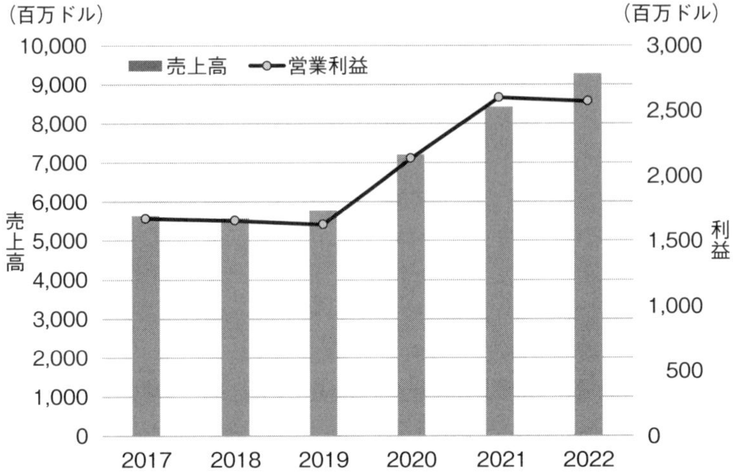

（百万ドル）　　　　　　　　　　　　　　　　　　　　（百万ドル）

凡例：売上高（棒グラフ）　営業利益（折れ線グラフ）

出所）Moody's社のデータベースOrbisより抽出したデータに基づき筆者作成

　さまざまな生活関連産業の企業の組織と経営を検討しました。ヨーロッパを
代表する企業を抽出しているため，組織や経営に関して優劣を付けることは難
しいでしょう。その一方で，データを比較し，企業の資本構造や戦略について
詳細に検証することで，EU市場全体の動向を捉えることもできます。また
ヨーロッパ企業には，日本企業にはないさまざまな実践があることを確認でき
ました。ヨーロッパ企業の数値データと事例を組み合わせることで，日本経済
や日本企業への指針を見つけ出す作業は，今後，ますます重要になってくるこ
とでしょう。

ケースに学ぶ

ユニリーバのオリーブオイル輸出

　イギリスのユニリーバは，M&Aによってビジネスを拡大したことはすでに確認した。しかしM&Aにより事業を拡大した一方で，各国でのビジネス習慣や制度の違いが原因で裁判になったこともあった。2000年にユニリーバのイタリア子会社Unilever Italiaは，イタリアのCentral Food社からの注文でオリーブオイルを供給したが，イタリアのオリーブオイル表示法に反しているという理由で，Central Food社は代金の支払いを拒否し，商品の引き取りを求めた。

　これに対し，Unilever Italiaは，イタリアの表示法が，「技術的規格および規制分野における情報提供手続に関する指令83/189」というEU法に抵触するとして，Central Food社に代金を支払うように求めたが，拒否されたために，Central Food社を訴えた。

(判決)

　EU司法裁判所は，イタリアの表示法が指令83/189に違反しているため，結果としてイタリア表示法は当事者間に適用できないとの判断を示し，買い手であるCentral Food社は契約上の義務を履行し，代金の支払いを求められた。

　このケースはEU法の国内法に対する優越性の中でも抵触排除義務に当たるもので，EU法に抵触する国内法を適用排除したケースである。注意すべき点はイタリア表示法に代わってEU法の指令83/189が適用されたのではなく，イタリア表示法を排除し，代わって本件売買契約の内容とイタリア契約法が適用されたことである。以上のような判例は，EU域内におけるものの自由な移動を実現させるための1つの措置となっている。

202　PART 2　産業別ヨーロッパ企業の比較

━━━ Somo教授の**Tutorial** ━━━

イケア効果

Jeanne　：私，イケアの家具が大好きなんです。安価なのに，デザインも素敵
　　　　　　なものが多くあります。先日も新しい本棚をイケアで買って，自分
　　　　　　で組み立てました。その本棚もとっても気に入ってるんです。

Somo教授：そうですか。それは当然，気に入るでしょうね。

Jeanne　：え？　教授はどうして，私の買った本棚を見たこともないのに，当
　　　　　　然，私が気に入るってわかるんですか？

Somo教授：はい。すでに行動経済学の研究成果に出ているので予想はつきます。

Jeanne　：たしか「黒真珠の価格設定」も行動経済学の理論で説明できました
　　　　　　が，私の趣味まで行動経済学でわかるんですか？

Somo教授：あなたの趣味を分析できるわけではないのですが，人間の行動と感
　　　　　　情に関係があるのです。それを「イケア効果」と呼んでいます。

Jeanne　：「イケア効果」って，私の大好きなイケアが行動経済学の理論なん
　　　　　　ですか？　説明，お願いします！

Somo教授：消費者は，自分が労働を加えて作った物を市場価格よりも高く評価
　　　　　　するという，認知バイアスを持っています。「イケア効果」とは，
　　　　　　まさに自分が組み立てた家具に愛着を感じ，過大に評価するという
　　　　　　意味で，家具量販店のイケアで家具を購入する消費者の行動と感情
　　　　　　の関係に由来します。

Jeanne　：そうか。たしかに組み立てるのに時間もかかって，手も痛くなった
　　　　　　けど，既製品の本棚よりも愛着は感じています。

Somo教授：2011年の研究によると，被験者は，組み立て済みの同じような家
　　　　　　具よりも，自分で組み立てた家具の方に63％多くお金を支払った
　　　　　　という結果になりました。これはノートン氏，モシション氏，アリエ
　　　　　　リー氏らの研究です。彼らはイケア効果について「単に『労働し
　　　　　　た』というだけで，労働の成果物に対する愛着を増加させるのに十
　　　　　　分である可能性がある。普通の机を組み立てることさえ，困難かつ
　　　　　　孤独な仕事であり，（しばしば不格好に組み立てられた）創造物を
　　　　　　過大評価することにつながる可能性がある」と記述しています。労
　　　　　　働と感情に関しては，イケア効果以外にも多くの理論や効果があり

第10章　生活関連産業　203

　　　　　　ます。LEGOブロックのバイオニクルを使った実験でも「自分の労
　　　　　　働に価値を見出すことで労働パフォーマンスが向上する」こともわ
　　　　　　かっています。
Jeanne　　：教授，説明，ありがとうございました。ちょっとした労働を加える
　　　　　　ことで，自分の物に愛着が沸いたり，日常生活での満足度が高めら
　　　　　　れるんですね。これからはSomo教授の大教室のレクチャーでも，
　　　　　　友達からノートを借りずに，自分でノート取るようにしますね！
Somo教授：・・・・・・

ヨーロッパの街角で

Antwerpen
（アントワープ）

　ベルギーのアントワープは長年，訪れてみたい街であった。その理由はとても単純である。子供の頃，テレビで観ていて，大人になってから観返しても，涙が止まらなかった「フランダースの犬」の舞台がアントワープだからだ。「フランダースの犬」は，画家を目指す貧しい少年ネロと労働犬パトラッシュの物語だ。アントワープに来たのは，ネロ少年が最期に観た教会に飾ってあるルーベンスの絵を鑑賞し，ネロとパトラッシュの銅像に会うためだった。今思うと，映画のロケ地やアニメの舞台を訪れる，いわゆる「聖地巡礼」であった。

　ヨーロッパ第2の港湾であるアントワープはフランドル地方にある。地理的にもイギリス，フランス，オランダという大国には挟まれた位置にあることから，経済が発展した一方で，戦禍に何度も巻き込まれ，搾取を繰り返された歴史を持っている。アントワープの街並みは，どことなくイギリスやドイツの要素を取り込んだように思えた。泊まったホテルは海沿いにあり，窓からはライトハウスも見えた。街中は高い建物が多く，狭い路地が入り組んでいて迷子になりながら，やっとの思いでルーベンスの絵のある聖母大聖堂に到着すると，幸か不幸か，礼拝中であった。以前，別の街で教会を訪れた際に，礼拝中のために中に入れないことがあり，今回もそのパターンかと思っていると，すんなり中に入ることができた。

　そしてルーベンスの3枚の絵を観ることができた。「フランダースの犬」のストーリーでは，3枚中，2枚の絵には幕がかかっており，お金を入れないと絵が観られず，ネロは普段は1枚しか観れないということだったが，どの絵にも幕はかかっておらず，全ての絵を観ることができた。巨匠ルーベンスの絵としても素晴らしい作品だろうが，ネロも最期に観ていたと思うと，さらに感動が止まらなかった。

　聖母大聖堂の前は広場になっており，牛乳取引所があった場所で，ネロとパトラッシュが毎朝，牛乳を運ぶシーンの舞台だっ

ネロとパトラッシュのオブジェ

た。そこにはネロとパトラッシュが眠っているようなコンクリートの白いオブジェがあったが，私の探していた銅像ではなかった。

その後，ルーベンスのアトリエと住居であったルーベンス博物館にも訪れた。ルーベンスは生涯に約1,200点の作品を残したとのことだが，多くの弟子たちとの共同作業だったと伝えられている。ルーベンス博物館でも，やはり想いはネロから離れず，「ネロも著名な画家のアトリエで修業して，画家として大成していれば，ハッピーエンドだったのに！」と，別なストーリー展開を想像していた。

聖母大聖堂とアントワープの街並み

実際のストーリーでは，クリスマスの夜に，ネロとパトラッシュは，寒さと飢えの中，ルーベンスの絵の前で天使に迎えられ，天国に召されるというあまりにも悲しいラストだったため，今でも時々思い出す。そして「ネロとパトラッシュは，遠いお国に行きました。これからはもう，寒いことも悲しいこともお腹の空くこともなく，みんな一緒にいつまでも楽しく暮らすことでしょう」というナレーションとともに物語は終わってしまう。「本当にそんなに都合がいいのだろうか？」という素朴な疑問が，涙の後には残った。この疑問は，今では「経済だけで全ての人が救えないのなら，宗教の力が必要なのか？」という問いへと変わったが，答える準備はまだできていない。結局，アントワープでネロとパトラッシュの銅像に会うことはできなかった。この難しい問いの答えを見つけ出す旅に出てしまったが，ネロとパトラッシュの銅像にも，この旅の終わる頃には，改めて会いに行きたい。

本章のまとめ

　生活関連企業は，ブランド力を示すグッドウィル率が高くなっています。生活関連企業のパフォーマンスの推移を分析することで，EUの市場統合の効果として，資本市場は発展し，労働市場は競争的になったことが推測できます。

参考文献

アリエリー・ダン（2014）『不合理だからうまくいく』（櫻井祐子訳）早川書房　2014年3月．
高橋俊夫編（2008）『EU企業論―体制・戦略・社会性―』中央経済社2008年4月．
南光日（2016）"バリュー・イノベーションを実現する戦略―イケアのケース―"，商大ビジネスレビュー（兵庫県立大学大学院経営研究科）第5巻第4号99-114ページ．
IKEA Foundation Annual Review 2022.
Ingka Group Annual Summary FY22.
Interogo Holding AG Annual Report 2022.
The Economist（2006）"Flat-pack accounting; IKEA," Vol.379, Issue 8477, May 13, 2006.
The LEGO Group Annual Report 2022.

フランダースの犬　パトラッシュ

索　引

人名・社名・商品名索引

英 数

3 Glocken 13
AB Volvo（ボルボ社）............... 145, 153
ARMANI（アルマーニ）.................. 171
AstraZeneca（アストラゼネカ）........ 30
Bosch（ボッシュ）................... 156, 158
BP（ブリティッシュ・ペトロリアム）
.... 6, 54 - 56
Carrefour（カルフール）................... 5
Continental（コンチネンタル）........ 157
Danone（ダノン）........................ 53
Eneos（エネオス）.................. 106, 107
Enel（エネル）...................... 112, 116
Eni（エニ）.......................... 107, 110
E.ON（エーオン）.................. 112, 114
Equinor（エクイノール）................. 7
FENDI（フェンディ）.................... 172
FERRAGAMO（フェラガモ）.......... 172
GlaxoSmithKline（グラクソ・スミスク
ライン）.................................... 78
Glencore（グレンコア）................. 104
GUCCI（グッチ）....................... 166
IKEA（イケア）.................... 195 - 197
Kering（ケリング）........... 165, 166, 168
LEGO（レゴ）..................... 198 - 200
LVMH（モエ・ヘネシー・ルイ・ヴィ
トン社）............... 164, 165, 166, 168
Max Mara（マックスマーラ）.......... 171
Moller-Maersk（モラー・マースク）
.... 123, 124
NOKIA（ノキア）.................... 31, 32
NTT 123

Orange（オレンジ）............... 123, 125
Puma（プーマ）......................... 166
Railtrack .... 134 - 136
Rolls-Royces（ロールス・ロイス社）
.... 54
Shell（シェル）................... 6, 107, 108
Siemens（シーメンス）................... 51
Stellantis（ステランティス）..... 145, 150
Swatch（スウォッチ）................... 30
Tesco（テスコ）......................... 96
Tesla（テスラ）........................ 144
VERSACE（ヴェルサーチェ）......... 171
Viking Line 14, 15
Virgin Group（ヴァージングループ）
.... 138
Volvo Car AB（ボルボ・カーズ）.... 153

あ 行

アサヒグループ 184, 187
アダム・スミス .... 16 - 18
アディダス 184
アストラゼネカ（AstraZeneca）........ 30
アルマーニ（ARMANI）................ 171
イケア（IKEA）.................... 195 - 197
出光興産 106
ヴァージングループ（Virgin Group）
.... 138
ヴェルサーチェ（VERSACE）......... 171
エーオン（E.ON）................. 112, 114
エクイノール（Equinor）....... 7, 107, 108
エニ（Eni）......................... 107, 110
エネオス（Eneos）..................... 107
エネル（Enel）.................... 112, 116

オレンジ（Orange）・・・・・・・・ 123, 125

か　行

カルフール（Carrefour）・・・・・・・・・・・・ 5
カルロス・ゴーン ・・・・・・・・・・・・ 42, 159
グッチ（GUCCI）・・・・・・・・・・・・・・・・・ 166
グラクソ・スミスクライン
　（GlaxoSmithKline）・・・・・・・・・・・・・ 78
グレンコア（Glencore）・・・・・・・・・・・・ 104
ケリング（Kering）・・・・・ 165, 166, 168
コンチネンタル（Continental）
　・・・・・・・・・・・・・・・・・・・・・・・・・・・・・・・ 157, 158

さ　行

シーメンス（Siemens）・・・・・・・・・ 51, 52
シェル（Shell）・・・・・・・・・・・・・・ 107, 108
ステランティス（Stellantis）・・・・・ 145, 150
スウォッチ（Swatch）・・・・・・・・・・・・・・ 30

た　行

ダノン（Danone）・・・・・・・・・・・・・・・・・・ 53
テスコ（Tesco）・・・・・・・・・・・・・・・・・・・・ 96
テスラ（Tesla）・・・・・・・・・・・・・・・・・・・ 144
ドイツテレコム ・・・・・・・・・・ 51, 123, 125
ドイツポスト ・・・・・・・・・・・・・・・ 131 − 134
東京電力 ・・・・・・・・・・・・・・・・・・・・・・・・・ 112
トタルエナジーズ ・・・・・・・・・ 53, 107, 109
トヨタ ・・・・・・・・・・・・・・・・・・・・・・・・・・・ 145
トランペナーズ ・・・・・・・・・・・・・・・・・・・ 33

な　行

ネスレ ・・・・・・・・・・・・・・・・・・ 75, 77, 184
ノキア（NOKIA）・・・・・・・・・・・・・・ 31, 32

は　行

フェンディ（FENDI）・・・・・・・・・・・・・ 172

フェラガモ（FERRAGAMO）・・・・・・・・・ 172
プーマ（PUMA）・・・・・・・・・・・・・・・・・ 166
フォータム ・・・・・・・・・・・・・・・・・ 112, 115
フォルクスワーゲン ・・・・・・・ 69, 72, 145, 148
フランス電力 ・・・・・・・・・・・・・・・ 112, 115
ブリティッシュ・ペトロリアム（BP）
　・・・・・・・・・・・・・・・・・・・・・・・・・ 6, 54 − 56
ベルナール・アルノー ・・・・・・・・・ 42, 166
ボーダフォン ・・・・・・・・・・・・・・・ 123, 125
ボッシュ（Bosch）・・・・・・・・・・・ 156, 158
ホフステッド ・・・・・・・・・・・・・・・・・・・・・ 33
ボルボ（AB Volvo）・・・・・・・・・ 145, 153

ま　行

マックスマーラ（Max Mara）・・・・・・・・ 171
メルセデス・ベンツグループ ・・・・ 145, 151
モエ・ヘネシー・ルイ・ヴィトン社
　（LVMH）・・・・・・・・・・・・・・・・・・・・・・ 164
モラー・マースク（Moller-Maersk）
　・・・・・・・・・・・・・・・・・・・・・・・・・ 123, 124

や　行

ユニリーバ ・・・・・・・・ 55, 184, 185, 189, 201

ら　行

リシュモン ・・・・・・・・・・・・・・・・・ 165, 167
リチャード・セイラー ・・・・・・・・・・・・ 180
ルノー ・・・・・・・・・・・・・・・・・・・・・ 53, 159
レゴ（LEGO）・・・・・・・・・・・・・・ 198 − 200
ロールス・ロイス社（Rolls-Royces）
　・・・・・・・・・・・・・・・・・・・・・・・・・・・・ 54, 55
ロレアル ・・・・・・・・・・ 184, 186, 190, 193

事 項 索 引

英 数

AG ·················· 7
AIDMAモデル ·················· 173
AISASモデル ·················· 174
Brexit ·················· 84, 85
EU法 ·················· 12, 13
M&A ·················· 60, 63 − 65
NHS ·················· 85
PLC ·················· 7
PPM分析 ·················· 73 − 75
R & D（研究・開発）率 ·················· 146, 147
Rolling Stock Leasing Companies
（ROSCOs）·················· 135
Signal Passed at Danger（SPAD）
·················· 136
SIPSモデル ·················· 175, 176
SWOTクロス分析 ·················· 70, 71
SWOT分析 ·················· 68, 69
Train Operating Companies（TOCs）
·················· 134

あ 行

アクセスチャージ ·················· 135
アンカリング（係留）·················· 177
異文化経営論 ·················· 33
インターナショナル型 ·················· 28
ヴェブレン効果 ·················· 176
エージェンシー理論 ·················· 57
演繹法 ·················· 80
欧州グリーンディール ·················· 112
欧州通貨制度（EMS）·················· 9

か 行

確実性効果（Certainty Effect）·················· 179

金のなる木（Cash Cow）·················· 74
株式会社 ·················· 38
株主資本比率 ·················· 106
株主資本利益率（ROE）·················· 48, 106
関税同盟 ·················· 9
帰納法 ·················· 80
規模の経済性 ·················· 66 − 68
ギムナジウム ·················· 91
共同決定システム ·················· 39
グッドウィル率 ·················· 107
グラン・ゼコール ·················· 42
グローバル型 ·················· 28
クロスボーダーM & A ·················· 61
クロスボーダーM & A件数 ·················· 61
経験曲線 ·················· 80, 81
決定の不可逆性 ·················· 180
現状維持バイアス ·················· 179
公開会社 ·················· 38
コオプション ·················· 32
コーポレートガバナンス（企業統治）
·················· 37
子会社率 ·················· 107
心の家計簿（Mental Accounting）
·················· 179
固定費用率 ·················· 107

さ 行

授かり効果 ·················· 179
サプライチェーンマネジメント
·················· 154, 155
シカゴ学派 ·················· 118, 119
自然独占 ·················· 128, 129
シナジー効果 ·················· 65
社会的距離 ·················· 93
商標 ·················· 167

新貿易理論 ························· 25
垂直統合 ························· 160
損失回避性（Loss Aversion）········· 179

た　行

第3のイタリア ········· 169, 170, 172
多国籍企業 ·················· 27, 28, 30
タックスヘブン（税金回避地）
  ······························· 104, 197
単一欧州議定書 ····················· 9
単一通貨ユーロ ····················· 9
ドイツ証券取引所 ·················· 44
トランスナショナル型 ·············· 28
取引費用 ························· 160

な　行

ナッジ理論 ························ 180
二元上場会社（dual-listed company）
  ·································· 6

は　行

ハーバード学派 ············· 118, 119
ハウプトシューレ ·················· 91
花形（Star） ······················ 74
パブリックスクール ················ 92
半官半民企業 ········· 129, 130, 131
プライスキャップ規制 ·············· 139
フランチャイザー ················· 196

フランチャイジー ············· 135, 196
フランチャイズ ··················· 196
フランチャイズ契約 ··············· 134
プレタポルテ ················ 170, 171
閉鎖会社（非公開会社）············· 38
ヘクシャー＝オリーンの理論 ····· 22, 23

ま　行

マーストリヒト条約 ················· 9
マイスター制度 ···················· 91
埋没費用（サンクコスト）の誤謬 ···· 180
負け犬（Dog）················· 74, 75
マルチナショナル型 ················ 28
見えざる手 ···················· 16, 17
メタナショナル企業 ················ 29
メッセ（見本市）··················· 5
問題児（Question Mark）··········· 74

や　行

ヤードスティック規制 ·············· 139
ユーロネクスト ···················· 43
ヨーロッパ株式会社 ················· 8

ら　行

リカードの比較優位理論 ········ 20－22
レアルシューレ ···················· 91
労働生産性 ······················· 106
ロンドン証券取引所 ················ 44

【著者紹介】

和田　美憲 (わだ　よしのり)

同志社大学経済学部准教授。1996年, 同志社大学経済学研究科大学院修士課程修了。その後, ロンドン大学で経営学と組織心理学を学び, 2003年にロンドン大学から経済学・経営学の博士号を授与。博士論文タイトルは "Policies, Management and Incentives in Privatisation-An Interdisciplinary Approach"。経済学, 経営学, および心理学の知見を活かし, 企業戦略や宗教行動に関する学際的研究を行う。2006年から2008年までドイツのボン大学東アジア研究所の客員教授, 2016年から2019年にかけて, ケンブリッジ大学クレアホールおよびセントキャサリンカレッジのリサーチ・フェロー。近年の業績として, 「地政学リスクにおける事業拡大の決定要因」2022年, 第19巻（１）経済政策ジャーナル, "The Macro-Economic Influences on a New Religious Group In Japan," *Journal of Economics, Management and Religion*, 2021, Vol.2(2), "Discriminatory Tax and Subsidy on Environmental Behaviors," *Environmental Economics and Policy Studies*, 2019 Vol.21(1) などがある。

データとケースでわかるヨーロッパ企業

2024年11月10日　第1版第1刷発行

著　者	和　田　美　憲	
発行者	山　本　　　継	
発行所	㈱中　央　経　済　社	
発売元	㈱中央経済グループ パブリッシング	

〒101-0051　東京都千代田区神田神保町1-35
電話　03 (3293) 3371 (編集代表)
　　　03 (3293) 3381 (営業代表)
https://www.chuokeizai.co.jp

© 2024
Printed in Japan

印刷／㈱堀 内 印 刷 所
製本／㈲井 上 製 本 所

＊頁の「欠落」や「順序違い」などがありましたらお取り替えいたしますので発売元までご送付ください。（送料小社負担）
ISBN978-4-502-51281-0　C3034

JCOPY〈出版者著作権管理機構委託出版物〉本書を無断で複写複製（コピー）することは, 著作権法上の例外を除き, 禁じられています。本書をコピーされる場合は事前に出版者著作権管理機構（JCOPY）の許諾を受けてください。
JCOPY〈https://www.jcopy.or.jp　eメール：info@jcopy.or.jp〉

本書とともにお薦めします

新版 経済学辞典

辻　正次・竹内　信仁・柳原　光芳〔編著〕　　四六判・544頁

本辞典の特色

- 経済学を学ぶうえで，また，現実の経済事象を理解するうえで必要とされる基本用語約 1,600 語について，平易で簡明な解説を加えています。

- 用語に対する解説に加えて，その用語と他の用語との関連についても示しています。それにより，体系的に用語の理解を深めることができます。

- 巻末の索引・欧語索引だけでなく，巻頭にも体系目次を掲載しています。そのため，用語の検索を分野・トピックスからも行うことができます。

中央経済社

好評発売中！

入門 アメリカ経済
Q&A **100**

坂出　健・秋元英一・加藤一誠〔編著〕

アメリカ経済を7つの歴史的体系に区分して，100のトピックスの
Q&A方式で解説。

入門 国際経済
Q&A **100**

坂出　健・松林洋一・北野重人〔編著〕

国際経済を5つのパートに区分して，100のトピックスのQ&A方式
で解説。

入門 歴史総合
Q&A **100**

坂出　健〔著〕

日本史と世界史の近現代を学ぶ「歴史総合」を100のトピックスの
Q&A方式で解説。

中央経済社

ベーシック＋プラス
Basic Plus

いま新しい時代を切り開く基礎力と応用力を兼ね備えた人材が求められています。

このシリーズは，各学問分野の基本的な知識や標準的な考え方を学ぶことにプラスして，一人ひとりが主体的に思考し，行動できるような「学び」をサポートしています。

ベーシック＋専用HP

教員向けサポートも充実！

中央経済社